Sabrina Sabbah

L'essentiel de l'Analyse financière

1re édition
2017 2018

Gualino
une marque de Lextenso

LES CARRÉS

Cette collection de livres présente de manière synthétique, rigoureuse et pratique l'ensemble des connaissances que l'étudiant doit posséder sur le sujet traité. Elle couvre :
- le Droit et la Science Politique ;
- les Sciences économiques ;
- les Sciences de gestion ;
- les concours de la Fonction publique.

Sabrina Sabbah, major de la promotion DECF 2007 d'Advancia, a été diplômée d'expertise comptable lors de la session de novembre 2013 et intervient depuis des années auprès de TPE et PME de tous secteurs dans le cadre de missions variées. Elle a organisé et animé des événements autour de la préparation au diplôme d'expertise-comptable.

Du même auteur, chez le même éditeur

Collection « Expertise comptable »

- *DEC 1 Exercices corrigés - Réglementation professionnelle et déontologie de l'expert-comptable et du commissaire aux comptes*, 2e éd. 2017 (en coll. K. Meghraoui).
- *DEC 2 - Révision légale et contractuelle des comptes*, 1re éd. 2017 (en coll. F. Heuvrard).

70, rue du Gouverneur Général Éboué
92131 Issy-les-Moulineaux cedex
ISBN 978 - 2 - 297 - 06042 - 4
ISSN 1288-8206

PRÉSENTATION

L'analyse financière est un outil essentiel de bonne gestion. Elle est ***une lecture éclairée des comptes d'une entreprise*** afin d'en extraire une opinion permettant de prendre des décisions adaptées et pertinentes. Elle est utilisée au quotidien :

- par les directeurs administratifs et financiers et les dirigeants d'entreprise, dans le cadre du pilotage de l'entreprise ;
- par les experts-comptables, dans le cadre de leur devoir de conseil ;
- par les commissaires aux comptes, dans le cadre de leur démarche d'audit ;
- par les services comptables, dans le cadre de contrôles de cohérence.

Cet ouvrage se décompose en quatre parties pour comprendre :

- ***les principaux postes du bilan et savoir lire un bilan comptable***. L'objectif de cette partie est de comprendre les éléments qui composent l'actif, le passif, et les ratios essentiels à calculer ;
- ***le compte de résultat à travers l'analyse des SIG et de la capacité d'autofinancement de l'entreprise***. Il s'agit ici bien évidemment de savoir analyser les données issues du compte de résultat ;
- ***les autres documents comptables***. Cette partie est l'occasion d'aborder la question de l'annexe comptable – quelle utilité ? –, du rapport du commissaire aux comptes – quelles informations y trouve-t-on ? –, des ratios issus du bilan fonctionnel – quels sont les modes de calcul et l'utilité du FRNG, des BFR et de la trésorerie nette ? – et de l'analyse de la trésorerie – comment se présentent le tableau de flux et le tableau de financement ? ;

- ***l'évaluation d'entreprise***. L'analyse financière est un des outils indispensables à l'évaluation d'entreprise. Il paraît donc important, dans cet ouvrage, de présenter une des finalités de l'analyse financière et ce de manière succincte.

Un ***tableau récapitulatif des formules utilisées dans le présent ouvrage*** est présenté en annexe. Il s'agit d'un outil de synthèse utile pour vos révisions, qui présente les formules classées par ordre alphabétique avec les renvois aux pages du présent ouvrage pour y trouver l'explication.

Epictète disait « *La raison consiste à analyser les choses et à les élaborer.* » J'espère que cet ouvrage constituera un outil utile pour vos études et votre carrière.

Remerciements

À André-Paul Bahuon, Président de la Compagnie des conseils et des experts financiers, pour la rédaction de la conclusion du présent ouvrage.

À Fabrice Heuvrard, expert-comptable indépendant, pour sa relecture du présent ouvrage.

SOMMAIRE

PARTIE 2
Comprendre le compte de résultat, les SIG et la CAF

SOMMAIRE

PARTIE 3
Les autres documents comptables

3 – La trésorerie nette ***119***

PARTIE 4
L'évaluation d'entreprise en quelques mots

SOMMAIRE

Liste des abréviations

ANC	Autorité des normes comptables
ANCC	Actif net comptable corrigé
BFR	Besoin en fonds de roulement
BFRE	Besoin en fonds de roulement d'exploitation
BTP	Bâtiments travaux publics
CA	Chiffre d'affaires (toujours exprimé hors taxes)
CAC	Commissaire aux comptes
CAF	Capacité d'autofinancement
CAMV	Coût d'achat des marchandises vendues
CCA	Charges constatées d'avance
CVAE	Contribution sur la valeur ajoutée des entreprises
EBE	Excédent brut d'exploitation
EBITDA	*Earning before interest, taxes, depreciation and amortization*
FRNG	Fonds de roulement net global
HT	Hors taxes
K€	Kilos euros, soit 1 000 euros
IAS	*International accounting* standards – Normes comptables internationales
IFRS	*International financial reporting* standards – Normes internationales d'information financière
INSEE	Institut national de la statistique et des études économiques
LBO	*Leverage buy out* – Acquisition avec effet de levier
LME	Loi de Modernisation de l'Economie
MBA	Marge brute d'autofinancement
PCA	Produits constatés d'avance
PCG	Plan comptable général
PIB	Produit intérieur brut
PME	Petites et moyennes entreprises
RCAI	Résultat courant avant impôts
REX	Résultat d'exploitation
ROI	*Return on investment*
RRRA	Rabais, remises, ristournes accordées
RRRO	Rabais, remises, ristournes obtenus
SIG	Soldes intermédiaires de gestion
TTC	Toutes taxes comprises
VA	Valeur ajoutée
VCEAC	Valeur comptable des éléments d'actifs cédés

Comprendre les principaux postes du bilan et savoir lire un bilan comptable

PARTIE 1

Le bilan comptable : présentation, définition et rôle

Chapitre 1

Le bilan comptable est un document de synthèse scindé en deux parties : l'actif et le passif. Il permet d'apprécier la situation patrimoniale et financière d'une entreprise.

1 Définitions

■ Définition du bilan comptable

a) Une photographie annuelle de la situation d'une entreprise

Le bilan est un document comptable produit a minima ***annuellement par toutes les entreprises***. Avec le compte de résultat et l'annexe comptable, il forme les comptes annuels.

Les comptes d'une entreprise sont normalement présentés en comptabilité d'engagement, le bilan reflétant la situation d'une entreprise à un instant T, à savoir :

- ***son patrimoine*** (ce qu'elle possède) ***et ses créances*** (ce qu'on lui doit), ces sommes étant inscrites à l'actif du bilan ;
- ***ses capitaux propres*** (capital social, primes et écarts de réévaluation, résultats antérieurs non distribués, subventions d'investissement et provisions réglementées) ***et ses dettes*** (ce qu'elle doit), ces sommes étant inscrites au passif du bilan.

Le bilan s'agit d'une véritable photographie de la situation patrimoniale d'une entreprise à un instant donné.

Le bilan est défini par le Plan comptable général (PCG) via l'article 112-2 du règlement ANC 2014-03 : « *Le bilan décrit séparément les éléments actifs et passifs de l'entité. [...] Aucune compensation ne peut être opérée entre les postes d'actif et de passif.* » C'est précisément cette interdiction de compenser l'actif et le passif qui permet l'analyse du patrimoine, des créances et des dettes d'une entreprise.

b) La comptabilité dite d'engagement vs la comptabilité dite de trésorerie

Dans certains cas très particuliers, les comptes d'une entreprise peuvent être tenus en comptabilité de trésorerie et non en comptabilité d'engagement : à savoir, seuls les montants réellement encaissés ou décaissés sont comptabilisés. Ce cas ne sera pas étudié ici, d'une part parce qu'il est rare, d'autre part parce que dans ce cas, la simple lecture des comptes ne permet pas de se forger une opinion sur la situation financière et patrimoniale de l'entreprise.

Pour savoir si le bilan que l'on vous présente est en comptabilité d'engagement ou de trésorerie, c'est simple ! S'il y a des créances clients, des dettes fournisseurs, fiscales ou sociales comptabilisées, vous êtes en comptabilité d'engagement, comme dans la majorité des entreprises françaises.

c) Les principes comptables

Pour comprendre le bilan, il faut comprendre les principes comptables, à savoir les règles qui permettent d'établir des comptes annuels réguliers. Elles sont au nombre de cinq :

- *image fidèle* : le bilan doit refléter une image fidèle de la situation d'une entreprise, et notamment de son patrimoine et de sa situation financière ;
- *comparabilité et continuité d'activité* : un bilan d'une année N doit pouvoir être comparé à celui de l'année N-1. Les comptes sont établis dans l'idée que la société va perdurer ;
- *régularité et sincérité* : la comptabilité des sociétés françaises suit les prescriptions du PCG et des règlements ANC 2014-03 et 2015-06. Elle est sincère, car elle traduit les informations connues de la direction d'une entreprise ;
- *prudence* : la comptabilité est établie sur une base prudente, et notamment sont provisionnés les risques probables constatés lors de l'arrêté des comptes et/ou de la situation intermédiaire ;
- *permanence des méthodes* : afin que les données comptables soient comparables et cohérentes, les mêmes méthodes de calculs sont normalement employées d'un exercice à l'autre. Dans le cas contraire, cela est généralement précisé dans l'annexe comptable.

Définition des actifs

L'actif est défini par l'article 211-1 du PCG comme étant « *un élément identifiable du patrimoine ayant une valeur économique positive pour l'entité, c'est-à-dire un élément générant une ressource que l'entité contrôle du fait d'évènements passés et dont elle attend des avantages économiques futurs* ».

On en déduit donc que pour être un actif, un élément doit :

– ***être identifiable*** : c'est le cas d'un bien, d'un compte bancaire, etc. ;
– ***être contrôlé par l'entité*** : c'est le cas quand l'entreprise le possède ;
– ***être source d'avantages économiques futurs pour l'entité*** : c'est le cas des biens nécessaires à l'exploitation ;
– ***avoir un coût évaluable*** : ainsi, une clientèle développée au cours du temps, qui n'a donc pas été obtenue dans le cadre de l'acquisition d'un fonds de commerce, n'est pas un actif.

Les acquisitions ne correspondant pas à ces critères sont comptabilisées en charges, dans le compte de résultat.

L'actif comprend également des comptes de régularisation :

– ***charges constatées d'avance*** (CCA), à savoir des sommes facturées d'avance par des fournisseurs, relatives à une période future ;
– ***écart de conversion actif*** : perte latente sur devise(s) étrangère(s).

Définition des passifs

Le passif est défini par l'article 321-1 du PCG comme étant « *un élément du patrimoine ayant une valeur économique négative pour l'entité, c'est-à-dire une obligation de l'entité à l'égard d'un tiers dont il est probable ou certain qu'elle provoquera une sortie de ressources au bénéfice de ce tiers, sans contrepartie au moins équivalente attendue de celui-ci* ».

On en déduit que pour être un passif, un élément doit :

– ***correspondre à un engagement envers un tiers***, ce tiers pouvant être un associé de la société, un fournisseur, le Trésor public, etc. ;
– ***exister à la date d'établissement du bilan*** : les dettes passées ne figurent donc plus au passif ;
– ***pouvoir entraîner une sortie d'argent*** ;
– ***ne pas avoir de contrepartie***.

Les passifs sont comptabilisés lorsqu'ils répondent à cette définition et qu'ils sont probables. Autrement, ils peuvent être mentionnés dans l'annexe.

Le passif du bilan comprend également :

– ***les capitaux propres*** (*qui seront détaillés dans le chapitre 3*) ;
– ***des comptes de régularisation*** :
  • ***produits constatés d'avance*** (PCA), à savoir des sommes facturées d'avance par l'entité, relatives à une période future ;
  • ***écart de conversion passif*** : gain latent sur devise(s) étrangère(s).

2 Présentation du bilan comptable

Le bilan peut se présenter, tel que le prévoit le règlement ANC 2014-03, comme suit (modèle abrégé).

ACTIF	Exercice N-1			Exercice N-1	PASSIF		
	Brut	Amort. et dépréciations (à déduire)	Net	Net		Exercice N	Exercice N-1
Actif immobilisé :					Capitaux propres :		
Immobilisations incorporelles :					Capital		
Fonds commercial					Écart de réévaluation		
Autres					Réserves :		
Immobilisations corporelles					Réserve légale		
Immobilisations financières (1)					Réserves réglementées		
Total I	X	X	X	X	Autres (4)		
Actif circulant :					Report à nouveau		
Stocks et en-cours (autres que marchandises)					Résultat de l'exercice (bénéfice ou perte)		
Marchandises					Provisions réglementées		
Avances et acomptes versés sur .commandes					**Total I**	X	X
Créances :					Provisions (II)	X	X
Clients et comptes rattachés					Dettes (5) :		
Autres					Emprunts et dettes assimilées		
Valeurs mobilières de placement					Avances et acomptes reçus sur commandes en cours		
Disponibilités (autres que caisse)					Fournisseurs et comptes rattachés		
Caisse					Autres (3)		
Total II	X	X	X	X	**Total III**	X	X
Charges constatées d'avance (2) (III)	X	X	X	X	Produits constatés d'avance (2) (IV)		
TOTAL GÉNÉRAL (I + II + III)	X	X	X	X	TOTAL GÉNÉRAL (I + II + III + IV)	X	X
(1) Dont à moins d'un an (2) Dont à plus d'un an (3) Dont comptes courants d'associés					(4) Dont réserves statutaires (5) Dont à plus de 5 ans Dont à plus d'un an et moins de 5 ans Dont à moins d'un an		

Comme nous pouvons le constater, le bilan se présente de la façon suivante : les éléments les moins liquides de l'entreprise se situent en haut, les plus liquides en bas :

ACTIF	PASSIF
Immobilisations	Capitaux Propres
Créances	Dettes financières
Disponibilités (=> trésorerie)	Dettes fournisseurs, sociales et fiscales
Autres comptes	Autres comptes

↓ Du – au + facilement exigible / du – au + liquide

Remarque : dans les comptes anglo-saxons, la présentation est à l'opposé des comptes français. Les éléments les plus liquides sont en haut de bilan.

3 Rôle du bilan comptable et prérequis

■ *Le bilan, une source d'information*

Le bilan permet notamment d'avoir une information sur :

- *la valeur patrimoniale d'une entreprise* (cf. Partie 4 sur l'évaluation d'entreprise) ;
- une partie de *la gestion de l'entreprise*, et ce notamment au travers de calculs de ratios du type : délais de règlement fournisseurs, délais de règlement clients, marges commerciales, taux d'endettement, etc. ;
- *la santé financière de l'entreprise* et son mode de financement, à travers l'analyse des dettes financières et la lecture éclairée des capitaux propres ;
- *les investissements de l'entreprise*.

Il est donc très utile pour les tiers, qu'il s'agisse de partenaires de l'entreprise ou d'éventuels investisseurs.

■ *Prérequis : en analyse financière, quelles données faut-il prendre en compte ?*

a) Les chiffres auxquels il faudra toujours s'intéresser

Afin d'analyser les comptes de bilan, il faut s'intéresser aux postes qui le composent, mais également à leur évolution, à savoir au comparatif N / N-1 :

– en ***valeur*** : [Valeur N] – [Valeur N-1] ;

– en ***pourcentage*** : ([Valeur N] – [Valeur N-1]) / [Valeur N-1].

Ainsi et par exemple, si le résultat, qui figure au passif du bilan, est de 100 000 € au 31 décembre N, la lecture ne sera pas la même :

– si en N-1, le résultat était de 90 000 €, soit une variation de +10 000 € (+11 %) ;

– si en N-1, le résultat était de 200 000 €, soit une variation de -100 000 € (-50 %).

b) Les autres éléments qu'il faudra toujours regarder

Il est également important de prendre en compte, dans le cadre d'une analyse financière, ***l'objet social de l'entreprise***. Certains postes du bilan sont en effet directement liés à la nature de l'activité de l'entreprise. Par exemple, l'existence d'un stock de marchandises et produits en-cours significatif est tout à fait normal dans certaines activités – BTP, pharmacie, magasin d'ameublement – mais beaucoup moins dans d'autres – prestations de services ou boulangerie.

Enfin, les comptes annuels étant composés du bilan, du compte de résultat et de l'annexe comptable, il est primordial, avant toute analyse financière, d'étudier les annexes comptables en parallèle des données chiffrées (bilan et compte de résultat). Cette affirmation est vraie tant pour les comptes individuels que pour les comptes consolidés. Ces éléments seront abordés dans la troisième partie, relative aux documents comptables.

4 Test de synthèse corrigé

Quelles affirmations sont exactes ?

1. Le bilan reflète la situation nette d'une entreprise : si elle doit plus d'argent qu'on ne lui en doit, la partie « dettes » du passif est renseignée. Sinon, c'est l'actif courant qui l'est.

2. Les comptes d'une année doivent pouvoir être comparés à ceux de l'année précédente. Cela implique que les méthodes comptables utilisées doivent être, sauf exceptions généralement précisées dans l'annexe comptable, les mêmes.

3. Dans le bilan figure le résultat de l'exercice passé.

4. Dans le bilan figure le chiffre d'affaires de l'exercice passé.

Réponses : 2 et 3.

Les dettes et créances ne se compensent pas dans un bilan (1) et le CA figure dans le compte de résultat (4).

Chapitre 2

Les principaux postes de l'actif

L'actif se décompose en quatre postes principaux, du moins au plus liquide : les immobilisations, le stock, les créances, la trésorerie.

1 Les immobilisations

Présentation du poste immobilisations

Les immobilisations comprennent les biens achetés par une entreprise pour le développement de son activité. Elles se décomposent comme suit :

- *immobilisations incorporelles* : frais d'établissement, droit au bail et fonds commercial, logiciels, brevets, etc. ;
- *immobilisations corporelles* : biens immobiliers (terrains et agencements), constructions, matériel et outillage, matériel informatique et mobilier.
  Il s'agit du matériel acheté. Le matériel loué ou pris en crédit-bail ne figure pas à l'actif du bilan mais correspond à des charges dans les comptes de sociétés françaises ;
- *immobilisations financières* : il s'agit principalement des prêts, titres de sociétés et dépôts de garantie versés.

Les variations des immobilisations peuvent être détaillées en annexe, selon des tableaux du type de ceux ci-après, préconisés par le PCG (règlement ANC 2015-06) :

Immobilisations	**Valeur brute à l'ouverture de l'exercice**	**Augmentations**	**Diminutions**	**Valeur brute à la clôture de l'exercice**
Fonds commercial				
Autres immobilisations incorporelles				
Total immobilisations incorporelles (I)				
Terrains				
Constructions				
Installations techniques matériels et outillages industriels				
Installations générales, agencements divers				
Matériel de transport				
Autres immobilisations corporelles				
Total immobilisations corporelles (II)				
Immobilisations financières (III)				
Total général (I + II + III)				

Amortissements	**Durée (a)**	**Montant cumulé à l'ouverture de l'exercice**	**Augmentations**	**Diminutions**	**Montant cumulé à la clôture de l'exercice**
Fonds commercial					
Autres immobilisations incorporelles					
Total immobilisations incorporelles (I)					
Terrains					
Constructions					
Installations techniques matériels et outillages industriels					
Installations générales, agencements divers					
Matériel de transport					
Autres immobilisations corporelles					
Total immobilisations corporelles (II)					
Total général (I + II)					

(a) Durée exprimée en nombre d'années. Indiquer, le cas échéant, la fourchette des durées retenues.

Dépréciations	Montant cumulé à l'ouverture de l'exercice	Augmentations	Diminutions	Montant cumulé à la clôture de l'exercice
Immobilisations incorporelles				
Immobilisations corporelles				
Immobilisations financières				
Stock et en cours				
Clients et comptes rattachés				
Autres actifs				
Total général				

■ *Comptabilisation à la valeur historique*

La valeur brute des immobilisations correspond à la valeur d'achat et non à la valeur de marché.

Les amortissements et provisions correspondent à la diminution de valeur depuis l'achat :

- soit à cause d'un ***amortissement économique***, à savoir : si l'on considère qu'un ordinateur acheté 1 200 € le 1er janvier N a une durée d'utilisation estimée de trois ans :
  - sa valeur brute sera de 1 200 € chaque année,
  - sa valeur nette, définie comme étant la valeur brute minorée des amortissements et provisions, sera de 800 € (1 200 – 1 200 / 3) le 31 décembre N, de 400 € (1 200 – 2 x 1 200 / 3) le 31 décembre N+1, de 0 € (1 200 – 3 x 1 200 / 3) le 31 décembre N+2 ;
- soit à cause d'une ***moins-value latente*** (valeur de marché inférieure à la valeur nette comptable donc inférieure à la valeur d'achat minorée des amortissements). Cela se traduit comptablement par l'existence d'une provision.

Par nature, certains biens ne sont pas amortissables ; c'est, par exemple, le cas des terrains. S'il y a une provision sur un terrain, c'est donc nécessairement qu'il a perdu de la valeur et que sa valeur de marché, dite valeur vénale, est inférieure à son coût d'achat historique.

Par principe de prudence, les plus-values latentes ne sont jamais comptabilisées dans les comptes en normes françaises.

■ *Exemple : analyse du poste immobilisations*

a) Sujet

Ci-après des extraits de comptes :

Immobilisations incorporelles

	Valeur bute N	Amortissements & provisions	Valeur nette N	Valeur nette N-1
Fonds de commerce	10 000	0	10 000	10 000
Logiciels	100	100	0	0

Immobilisations corporelles

	Valeur bute N	Amortissements & provisions	Valeur nette N	Valeur nette N-1
Terrain	200 000	0	200 000	0
Aménagements et constructions	500 000	10 000	450 000	50 000
Mobilier de bureau et matériel informatique	27 000	5 000	22 000	22 000

Immobilisations financières

	Valeur bute N	Amortissements & provisions	Valeur nette N	Valeur nette N-1
Participations	0	0	0	25 000
Dépôts et cautionnements	0	0	0	5 000

Étudiez la variation des immobilisations entre N et N-1 en précisant les principales acquisitions et cessions que vous constatez.

b) Proposition de corrigé

Si nous étudions ensemble les différents postes, nous pouvons relever les points suivants :

- la société a acquis un fonds de commerce pour 10 000 € par le passé ;
- en N, elle a acquis un bien immobilier (terrain et constructions) alors qu'elle n'en possédait pas auparavant ;
- elle a également renouvelé une partie de son mobilier et/ou de son matériel informatique (acquisition et cession ou mise au rebut) ;
- elle a cédé des participations financières dans une société pour 25 000 €, ou alors une société dans laquelle elle avait des participations a été liquidée (liquidation amiable ou judiciaire) ;
- la diminution du poste dépôt de garantie corrobore l'idée du déménagement : si la société était auparavant locataire, en devenant propriétaire elle n'a plus besoin de verser de dépôts de garantie.

Remarques complémentaires : dans cet exemple, la société vient d'acquérir un bien immobilier. Mais si cela avait été le cas auparavant, la question aurait pu se poser de la valeur actuelle de ce bien immobilier. De même, dans l'exemple, le fonds de commerce a été acquis 10 000 €. Il s'agit de la valeur d'achat historique du fonds et non de sa valeur actuelle. Si le fonds de commerce, à savoir une clientèle et les éléments y étant liés (nom commercial par exemple), étaient vendus à aujourd'hui, il est très probable que sa valeur ne serait pas la même. Ce point sera davantage expliqué dans la quatrième partie portant sur l'évaluation d'entreprise.

2 Le stock et les en-cours

■ *Présentation du poste stocks et en-cours*

Le stock comprend les éléments que l'entreprise souhaite vendre. Il s'agit d'éléments achetés ou d'éléments produits par l'entreprise.

Les en-cours comprennent, comme leur nom le laisse supposer, *les produits et biens* qui sont en cours de production, à savoir *qui ne sont pas finalisés et ne peuvent donc pas être facturés au client*.

On peut ainsi trouver indépendamment dans cette section du bilan :

– des œuvres d'art, dans les comptes d'une galerie ;
– des fournitures de bureau, dans ceux d'une papeterie ;
– des travaux en cours, dans ceux d'une société de BTP ;
– un bien immobilisé en cours de production (et donc tous les frais y afférent, y compris les frais financiers), pour une société civile immobilière de construction-vente, à savoir pour une société qui construit/fait construire un bien immobilier dans le but de le revendre.

Plus précisément, les stocks se décomposent comme suit :

– ***matières premières*** : il s'agit d'éléments achetés dans le but d'être transformés ;
– ***autres approvisionnements*** : il s'agit de consommables (combustibles, produits d'entretien, etc.), d'emballages, etc., qui vont également contribuer à l'élaboration du produit final ;
– ***en-cours de production de biens*** : il s'agit des produits et travaux en cours de production, donc non finalisés ;
– ***en-cours de production de services*** : il s'agit des prestations de services en cours, donc non finalisées ;
– ***stocks de produits*** : il s'agit des produits issus du processus de transformation : produits intermédiaires, finis ou résiduels prêts à être vendus ;
– ***stock de marchandises*** : il s'agit des marchandises achetées dans le but d'être revendues en l'état.

Comptabilisation à la valeur d'achat

Il est important de savoir que les stocks – comme les immobilisations – sont comptabilisés pour leur valeur d'achat et non leur valeur de vente théorique ; ils font, le cas échéant, l'objet d'une provision. C'est le cas si les perspectives de vente sont pessimistes ou si la valeur d'achat ou de production est supérieure à la valeur de marché.

Ainsi et par exemple, si, dans une société civile immobilière de construction-vente, on a pour un bien immobilier comptabilisé en stock :

Achat du terrain	200 000 €
Travaux sur terrain	250 000 €
Coût financier comptabilisé en stock(1)	50 000 €
Total	500 000 €

(1) *Coût directement lié à l'acquisition du terrain.*

Si le bien immobilier est finalement évalué à 400 000 €, il y aura lieu de comptabiliser une provision de 100 000 €.

■ *Analyse du poste stocks : quelques questions à se poser*

Que le stock soit important ou non, son montant doit faire appel à un sens critique :

– y a-t-il eu de fortes variations de stocks ? Si le stock a diminué de façon significative, cela peut être lié :
  - à un élément positif : diminution du délai de rotation des stocks, par exemple,
  - à un élément négatif : un incendie qui aurait détruit les stocks par exemple ;

– le stock est-il ancien ? Facilement cessible ? ;

– surtout, la principale question à se poser est, rappelons-le, le montant du stock est-il cohérent avec l'activité ?

■ *Délai moyen de rotation des stocks*

Il est intéressant de rapprocher l'importance du stock de l'activité (une boulangerie aura, par exemple, un stock relativement faible par nature) et d'apprécier le délai de rotation des stocks.

Le délai de rotation des stocks se calcule comme suit (avec CAMV = coût d'achat des marchandises vendues) :

Délai de rotation des stocks = (Montant du stock / CAMV) x 360*

Un autre ratio pouvant être utilisé est la valeur des stocks en jours de chiffre d'affaires :

Valeur des stocks en jours de CA = (Montant du stock / CA HT) x 360*

* 360 jours dans le cadre des comptes annuels, sinon remplacer 360 par la durée en jours de la période.

Le CAMV (coût d'achat des marchandises vendues) se calcule comme étant, sur la période, le coût des achats liés majorés des frais accessoires (transport, commissions, emballages, etc.) liés à ces achats +/– la variation de stocks :

Coût d'achats *(comptes 607)*
\+ Frais accessoires liés *(comptes 6087)*
\+ Variation de stocks *(comptes 6037)*
= CAMV

■ *Exemple : analyse du poste stocks*

a) Sujet

Vous sont présentés les comptes de deux sociétés de plomberie (dépannage). Leur CA HT est de 2 millions d'euros chacune. Dans la première, société A, le stock est évalué à 20 000 €. Dans la seconde, société B, à 200 000 €.

Quelle est la valeur du stock en jours de chiffre d'affaires ? Commentez par rapport à la nature de l'activité de ces sociétés. Concernant l'une de ces sociétés, quelles questions pouvez-vous vous poser, vous permettant d'avoir une analyse plus fine de la situation ? Citez en deux.

b) Proposition de corrigé

Dans le cas de la société A, le stock représente (20 000 / 2 000 000) x 360 = 3,60 jours de chiffre d'affaires.

Dans la société B, 36,50 jours, soit plus d'un mois. L'activité de plomberie étant une activité de prestations de services ne nécessitant pas forcément un stock important, un stock représentant quelques jours de chiffre d'affaires semble cohérent. La question de la rotation des stocks de la société B va donc se poser : s'agit-il de stock récent, acquis par exemple pour un chantier significatif (comme la reconstruction d'une cuisine dans un hôtel de luxe) ? Les ratios étaient-ils comparables en N-1 ? Quels sont les clients et quelle est précisément l'activité de la société B ?

Comme le montre cet exemple, une première analyse du montant et de la variation des stocks peut induire d'autres questions permettant une analyse financière plus fine.

3 Les créances clients

Présentation du poste clients

Les créances clients comprennent assez simplement ***les sommes que les clients doivent à la société au titre des prestations de services ou des ventes de biens effectuées***. Si elles sont considérées comme douteuses, à savoir si la société a un doute certain concernant le caractère recouvrable des créances, elles font l'objet d'une provision. C'est notamment le cas lorsqu'il y a un litige, lorsque la solvabilité du client apparaît comme irrémédiablement compromise ou lorsque le client ne règle pas malgré plusieurs relances.

Les échéances des créances peuvent être détaillées dans l'annexe, dans un tableau tel que celui-ci, qui est préconisé par le règlement ANC 2014-03 :

Créances	Montant brut	Échéance à un an au plus	Échéance à plus d'un an
Créances de l'actif immobilisé			
Créances de l'actif circulant			
Charges constatées d'avance			

Délai moyen de crédit clients

Un des ratios intéressant à calculer est le délai moyen de crédit clients. Il est exprimé en nombre de jours et se calcule par l'une des deux formules suivantes :

Délai moyen de crédit clients = (Créances clients [et comptes rattachés] HT / CA HT) x 360*

Ou

Délai moyen de crédit clients = (Créances clients [et comptes rattachés] TTC / CA TTC) x 360*

* 360 jours dans le cadre des comptes annuels, sinon remplacer 360 par la durée, en jours, de la période.

Pour passer du montant Toutes Taxes Comprises (TTC) d'une créance client à un montant Hors Taxes (HT), il faut utiliser une formule du type :

Créance HT = Créance TTC / (1 + Taux de TVA)

A contrario, on a :

CA TTC = CA HT x (1 + Taux de TVA)

Ainsi et dans l'exemple d'un taux de TVA à 20 %, 1 200 € TTC = 1 000 € HT x (1 + 20 %).

Bien évidemment, plus le délai moyen de crédit clients est important, plus la trésorerie de la société risque d'en souffrir. Un délai anormalement long peut également soulever un certain nombre de questions.

Il peut également être intéressant de calculer la fraction des 5 ou 10 clients les plus importants :

CA généré par les 5 ou 10 clients les plus importants / CA total

Ce ratio permet de mettre en avant le degré de dépendance d'une entreprise par rapport à ses principaux clients.

■ *Exemple : analyse du poste clients*

a) Sujet

Le chiffre d'affaires d'une librairie de quartier est de 250 000 € (250 K€). Les créances clients sont de 35 K€ TTC.

1. Considérant que le taux de TVA applicable est en l'espèce de 5,5 %, quel est le délai moyen de crédit clients ? Commentez au vu de la nature de l'activité.

En regardant les comptes de l'année suivante, vous constatez que le délai de délai moyen de crédit clients est passé à 15 jours en N+1.

2. Citez deux hypothèses pouvant expliquer cette variation du délai moyen de crédit clients.

b) Proposition de corrigé

1. Le délai moyen de crédit clients est de :

[[35 K€ / (1 + 5,5 %)] / 250 K€] x 360 jours = 48 jours

Cela semble très important au vu de l'activité, considérant qu'une librairie de quartier n'a pas vocation à faire crédit à ses clients. Ce ratio alerte donc.

2. Le délai moyen de crédit clients est passé de 48 à 15 jours en l'espace d'un an. Cela interpelle également : est-ce lié à une diminution d'activité en fin d'année ? Ou à une meilleure gestion du recouvrement clients ? Cela peut aussi être lié à une difficulté exceptionnelle rencontrée en N-1.

4 La trésorerie

■ *Présentation du poste*

La trésorerie est souvent le « nerf de la guerre » d'une entreprise. Elle est ***principalement composée des comptes bancaires, des valeurs mobilières et de la caisse s'il y en a une***. Le fait d'avoir une trésorerie positive et *a fortiori* significative est un bon indicateur de santé financière.

Il est possible de calculer le montant de la trésorerie en jours de chiffre d'affaires selon la formule :

Trésorerie en jours de CA = (Actifs de trésorerie / CA HT) x 360

■ *Ratio de liquidité immédiate*

Le ratio de liquidité immédiate se calcule selon la formule suivante :

Ratio de liquidité immédiate = Actifs de trésorerie / Passif exigible à court terme

Bien évidemment, plus le ratio de liquidité immédiate est élevé, meilleure est la santé financière de l'entreprise. S'il est supérieur à 1, cela implique que la société peut liquider tous ses passifs à court terme à l'instant T. S'il est de manière significative inférieur à 0,5, la question de la solvabilité de l'entreprise se pose.

Exemple : analyse du poste trésorerie

a) Sujet

La société Fi possède des actifs de trésorerie (disponibilités et valeurs mobilières) pour 205 K€. Ses dettes à court terme (dettes fournisseurs, sociales et fiscales) s'élèvent à 420 K€. Le chiffre d'affaires de la société est de 1 500 K€ par an.

Calculez le montant de la trésorerie en jours de chiffre d'affaires et le ratio de liquidité immédiate. Commentez.

b) Proposition de corrigé

La trésorerie représente : (205 K€ / 1 500 K€) x 360 = 49,20 jours de CA.

Bien que la trésorerie en elle-même semble significative (49 jours de chiffre d'affaires), on constate que les dettes à court terme le sont également. Le ratio de liquidité immédiate est de 205 K€ / 420 K€ = 0,49. Ce ratio étant inférieur à 1, cela traduit un défaut de solvabilité sans que cela ne soit dramatique : la société Fi ne peut pas régler ses dettes à court terme avec sa seule trésorerie.

Une analyse plus poussée permettrait d'en identifier la raison : s'agit-il d'une société facturant beaucoup de débours, et donc attendant d'être réglée avant de régler ses fournisseurs ? S'agit-il d'un manque de liquidité ponctuel ? Dans les sociétés du même secteur, de quel ordre est ce ratio ?

Les principaux postes du passif

Chapitre 3

Le règlement ANC 2014-03 énonce : « Un passif est un élément du patrimoine ayant une valeur économique négative pour l'entité, c'est-à-dire une obligation de l'entité à l'égard d'un tiers dont il est probable ou certain qu'elle provoquera une sortie de ressources au bénéfice de ce tiers, sans contrepartie au moins équivalente attendue de celui-ci. » Le passif du bilan comprend également les capitaux propres.

1 Les capitaux propres

■ *Présentation des capitaux propres*

Les capitaux propres sont constitués :

- *du capital social* : valeur nominale des actions ou parts sociales, à savoir le montant que les associés ou actionnaires ont investi, soit à la création de la société, soit ultérieurement et qu'ils ne peuvent récupérer sans un certain formalisme (assemblée générale extraordinaire) ;
- *des primes et écarts de réévaluation* : ces montants sont liés aux opérations liées au capital social mais ultérieures à la création ;
- *des subventions d'investissement* : comme leur nom le laisse présumer, il s'agit de subventions dont l'objet est le financement d'une ou plusieurs immobilisation(s) ;
- *des provisions réglementées* : ces provisions ne correspondent pas à l'objet normal d'une provision mais sont comptabilisées en application de dispositions légales. On y trouve notamment les provisions pour investissement relatif à la participation des salariés, pour hausse des prix et pour fluctuation des cours ;

– ***des réserves et du report à nouveau*** : il s'agit des résultats antérieurs minorés, le cas échéant, des distributions de dividendes ;
– ***du résultat de l'exercice***.

Comme nous le verrons dans la partie 4, une entreprise vaut – sauf cas exceptionnel – au moins le montant de ses capitaux propres. Celui-ci est un indicateur de l'enrichissement passé de l'entreprise, mais également du montant investi par ses associés ou actionnaires dans l'entreprise, puisqu'il est notamment constitué du capital social et de résultats non distribués.

■ *Capitaux propres inférieurs à la moitié du capital social*

En droit commercial, lorsque les capitaux propres sont inférieurs à la moitié du capital social, cela a des conséquences :

– les associés ou actionnaires doivent décider s'il y a lieu ou non à dissoudre de manière anticipée la société ;
– à l'issue du 2e exercice suivant la constatation, la société est tenue de réduire son capital d'un montant au moins égal aux pertes qui n'ont pu être imputées sur les réserves. Dans le cas contraire, tout intéressé peut demander en justice la dissolution de la société.

Cela implique que lorsque les capitaux propres sont inférieurs à la moitié du capital social, il y a présomption de difficultés plus ou moins significatives rencontrées par l'entreprise et que la question de la continuité de l'exploitation doit se poser.

■ *Taux ou niveau de capitalisation et indépendance ou autonomie financière*

a) Le taux ou niveau de capitalisation d'une entreprise

Il se calcule comme suit :

Taux ou niveau de capitalisation = Capitaux propres / Total bilan

Plus ce taux est élevé, plus l'entreprise est considérée comme stable financièrement puisque apte à financer ses dettes et son exploitation par ses fonds propres. Au-delà de 15 %, il peut être considéré comme élevé.

b) Le ratio d'indépendance ou d'autonomie financière

Il se calcule comme suit :

> Indépendance ou autonomie financière = Capitaux propres / Endettement financier ou bancaire

Ce taux permet d'apprécier le mode de financement de l'activité. Il doit de préférence être supérieur à 1 (montant des capitaux propres supérieur à celui de l'endettement financier et bancaire).

■ *Exemple : analyse du poste capitaux propres*

a) Sujet

La société T a un capital social de 40 000 €. Voici les informations chiffrées des trois dernières années :

En K€	N	N-1	N-2
Capitaux propres	– 14 900	– 9 000	20 100
Dettes	291 300	302 500	254 700
Dont dettes financières et emprunts	*200*	*600*	*1 100*
Total Passif	276 400	293 500	274 800

Calculez pour les trois années le niveau de capitalisation et le ratio d'indépendance financière. Commentez.

b) Proposition de corrigé

Nous avons les ratios suivants :

	N	N-1	N-2
Taux ou niveau de capitalisation	-5 %	-3 %	7 %
Indépendance ou autonomie financière	-75	-15	18

Nous constatons ainsi que la situation financière de la société T s'est dégradée très fortement au cours des trois derniers exercices. Plus précisément, le niveau de capitalisation N-2 était considéré comme moyen (7 %). Son ratio d'indépendance financière était – en valeur absolue – élevée. La société dépendait donc peu d'emprunts financiers. La société a visiblement enregistré une forte perte en N-1 (diminution des capitaux propres de 29,1 K€) et une perte plus modérée en N (-5,9 K€), ce qui explique la dégradation de sa situation financière.

2 Les dettes financières

■ *Présentation des dettes financières*

Les dettes financières comprennent :

- les ***emprunts obligataires convertibles ou non en actions*** ;
- les ***emprunts bancaires*** ;
- les ***autres dettes bancaires*** (découverts bancaires, intérêts courus, etc.) ;
- les ***comptes d'associés*** ;
- les ***autres dettes financières*** : par exemple, la dette liée à l'assurance prospection à l'étranger accordée par la Coface. Cette entreprise privée propose en effet, pour le compte et avec la garantie de l'État, une assurance commerciale contre le risque d'échec à l'étranger : elle prête de l'argent aux entreprises pour leurs développements à l'international, le remboursement de la dette étant lié à la réussite commerciale à l'étranger.

Les échéances des dettes peuvent être détaillées dans l'annexe, dans un tableau comme suit, qui est préconisé par le règlement ANC 2015-06 :

Dettes	Montant brut	Échéance à 1 an au plus	Échéance à plus d'1 an et 5 ans au plus	Échéance à plus de 5 ans
Emprunts et dettes assimilées				
Fournisseurs et comptes rattachés				
Autres dettes				
Produits constatés d'avance				

Question de la continuité d'exploitation

Des dettes financières trop importantes, à l'instar de capitaux propres négatifs, posent la question de la continuité d'exploitation. En effet, s'il est normal et nécessaire pour une entreprise d'emprunter, elle ne doit pas être étouffée par ses emprunts. Il est aussi intéressant de savoir pourquoi une entreprise emprunte : est-ce pour investir (augmentation des immobilisations), à cause d'une opération exceptionnelle ou pour financer son besoin en fonds de roulement normatif, à savoir les besoins structurels de l'entreprise pour poursuivre son activité courante ? (La notion de besoin en fonds de roulement sera explicitée plus en détail dans le *Chapitre 9*).

Un autre indicateur pertinent peut être le taux d'intérêt moyen. En effet, il peut refléter la capacité de l'entreprise à emprunter et donc sa solvabilité. Plus une entreprise aura des difficultés financières, plus on lui proposera des taux élevés.

Ainsi, un taux d'intérêt élevé peut être lié à la conjoncture mais également aux risques pris par l'organisme financier en prêtant à l'entreprise.

Ce taux moyen se calcule comme suit :

Taux d'intérêt moyen = Charges d'intérêts* / Dettes financières

*Les charges d'intérêts figurent parmi les charges financières du compte de résultat.

Plus le taux d'intérêt est élevé, plus il y a lieu de se poser des questions : la société fait-elle appel à un factor pour financer ses créances ? A-t-elle des difficultés à emprunter ? *Quid* de sa solvabilité ?

Taux d'endettement et capacité de remboursement

Parmi les ratios intéressants à calculer, on trouve :

Taux d'endettement = Dettes à moyen et long terme / Capitaux permanents

Ce ratio doit normalement être inférieur à 1, et ce à l'inverse du taux d'indépendance ou d'autonomie financière vu précédemment.

Exemple : analyse du poste des dettes financières

a) Sujet

Prenons l'exemple de la Holding H. Son bilan se présente schématiquement comme suit :

Participations dans la société S	200 000 €	Capitaux Propres	22 000 €
Disponibilités	20 000 €	Emprunts bancaires	198 000 €
Total	220 000 €	Total	220 000 €

Il est précisé que les charges financières annuelles sont de 5 000 €.

Dans cet exemple, nous avons un résultat très faible, donc une capacité de remboursement faible.

Quel est le taux d'intérêt moyen ? Quel est le taux d'endettement ?

b) Proposition de corrigé

Le taux d'intérêt moyen est de 5 000 / 198 000 = 2,5 %, ce qui semble correct au vu du marché et à la date d'établissement des comptes annuels. Le taux d'endettement est pourtant très important puisqu'il est de 198 000 / 22 000 = 9.

On peut également relever deux idées :

- si la société bénéficie de taux d'intérêt jugés corrects, c'est que la banque croit en sa capacité raisonnable à rembourser l'emprunt ;
- le taux d'endettement étant ici de 9, la société est très dépendante de l'emprunt bancaire mais également de l'activité de sa filiale, dont la valeur des titres est de 200 000 €.

c) L'effet de levier (LBO)

Est-ce qu'un taux d'endettement élevé implique nécessairement que la société est en grande difficulté financière ? Bien sûr que non. Dans l'exemple ci-avant, il s'agit simplement d'un montage financier appelé LBO (*Leverage Buy Out*, à savoir : acquisition avec effet de levier). Ce montage consiste à créer une holding chargée d'acquérir des parts d'une entreprise par le biais d'un emprunt, lui-même remboursé par les dividendes perçus. Les avantages sont multiples, à la fois patrimoniaux et fiscaux.

Le principe est simple : il faut que la rentabilité économique – à savoir les dividendes – soit plus élevée que les intérêts inhérents. Si tel est le cas, cela permet d'acquérir un patrimoine – à savoir les fonds propres d'une entreprise – sur la base d'un apport minimal. En outre, fiscalement :

- les intérêts d'emprunt sont déductibles pour la holding, ce qui permet une économie d'impôt significative ;
- si la société holding détient plus de 95 % de la société-cible, elle peut bénéficier du régime d'intégration fiscale, ce qui lui permet matériellement de n'être imposée que sur 99 % des dividendes perçus.

Prenons l'exemple ci-après : un dirigeant, Monsieur M, souhaite investir 50 K€ dans la société X, qu'il détiendrait à 100 % et qui génère un bénéfice annuel avant impôts de 10 K€.

Si Monsieur M acquière simplement les titres de la société X, on aurait :

Résultat avant impôt de la société X	= 10 000 €
Impôt sur les sociétés (15 %)	= 1 500 € [= 10 000 € x 15 %]
Résultat comptable	= 8 500 € [= 10 000 € – 1 500 €]
Dont distribuable	= 8 075 € *(*)*

(*) Soit 95 % du bénéfice comptable, 5 % étant à affecter à la réserve légale.

Par ailleurs, Monsieur M devrait, le cas échéant, rembourser les mensualités de l'emprunt souscrit pour acquérir les parts de la société X et serait imposé à titre personnel sur les dividendes perçus.

Il percevrait donc 8 075 € imposable fiscalement chaque année, mais devrait financer lui-même les 50 K€ d'investissement dans la société X. Imaginons que son taux marginal d'imposition soit de 45 % et l'annuité d'emprunt de 7 000 €.

Il devrait donc décaisser, la première année :

- 7 000 € liés à l'emprunt ;
- 8 075 x (1 – 40 % d'abattement) x 45 % d'impôt sur le revenu = 2 180 €.

Son investissement lui ferait donc débourser : 7 000 + 2 180 – 8 075 = 1 105 € par an.

Par contre, s'il décide de créer une holding H intégrant fiscalement la société X pour effectuer le même investissement, on aurait, la première année :

Société X (société cible)		**Société H (holding)**	
		Dividendes perçus	8 000 €
		Charges financières (taux d'intérêt = 2 %)	(1 000 €)
Résultat avant IS	10 000 €	Résultat avant IS	7 000 €
Résultat du groupe fiscalement intégré = *résultat de la société X + résultat de la société H*		17 000 €	
Taux de quote-part de frais et charges (1 % des dividendes perçus)		800 €	
Résultat fiscal du groupe fiscalement intégré		17 800 €	
IS (Impôt sur les Sociétés) calculé à 15 %		2 670 €	
IS de la société calculé sur son propre résultat (15 %)	1 500 €		
Résultat comptable	8 500 €	Résultat comptable = *résultat avant IS* *- IS du groupe fiscalement intégré* *+ IS de la société X = (7 000 € – 2 670 € + 1 500 €)*	5 830 €
Dont distribué	8 000 €		
Dont affecté en réserves ou en report à nouveau (par exemple)	500 €		

Les calculs ci-dessus peuvent sembler légèrement complexes de prime abord mais le principe est simple. En effet, on constate facilement dans cet exemple que la création de la holding H, et donc l'utilisation de l'effet de levier, permet à Monsieur M de bénéficier d'un avantage fiscal mais surtout de se créer un patrimoine s'autofinançant. Monsieur M n'a, dans cet exemple, aucune somme à décaisser pour financer l'acquisition des titres. La holding H dégage même un bénéfice.

3 Les dettes fournisseurs

Présentation du poste dettes fournisseurs

Les dettes fournisseurs comprennent *les sommes que la société doit à ses fournisseurs au titre des prestations de services ou achats de biens effectués*.

Délai moyen de règlement fournisseurs

Un des ratios intéressant à calculer est le délai moyen de règlement fournisseurs. Il est exprimé en nombre de jours et se calcule, sur un an, par l'une des deux formules suivantes :

> Délai moyen de règlement fournisseurs =
> (Dettes fournisseurs [et comptes rattachés] HT / Achats HT) x 360

Ou

> Délai moyen de règlement fournisseurs =
> (Dettes fournisseurs [et comptes rattachés] TTC / Achats TTC) x 360

Les achats dont il est ici question sont les achats de marchandises cumulés aux autres services extérieurs (comptes 60 à 62 du plan comptable général).

Ce ratio peut également se calculer sur une période mensuelle, selon une formule du type :

> Délais moyens de règlement fournisseurs =
> (Dettes fournisseurs [et comptes rattachés] / Achats) x 30

Bien évidemment, plus ce délai moyen est court, plus la société règle régulièrement ses fournisseurs et donc plus cela présume d'une bonne santé financière et d'un respect de la réglementation en vigueur. La loi dite « LME » impose aux entreprises de régler leurs clients professionnels sous 30 jours ou, sur accord, à 45 jours fin de mois et ce sans dépasser les 60 jours.

Un délai anormalement long peut également soulever un certain nombre de questions. Il peut, par exemple, s'expliquer par un nombre important de factures reçues en fin d'année, par la contestation de montants facturés par des fournisseurs ou par des difficultés de trésorerie.

■ *Exemple : analyse du poste fournisseurs*

a) Sujet

Une société de recrutement, prestataire de services faisant appel à des sous-traitants, a des dettes fournisseurs au 31 décembre N s'élevant à 200 K€. Les achats de prestations de services (sous-traitance notamment) s'élèvent à 800 K€ sur l'exercice.

Les prestations de services étant ici toutes présumées être à 20 %, calculez le délai moyen de règlement fournisseurs. Serait-il pertinent de calculer ce ratio par mois ?

b) Proposition de corrigé

Délai moyen de règlement fournisseur = [200 K€ / 800 x (1 + 20 %)] x 360 jours = 75 jours

On voit que ce délai est supérieur à celui prévu par la loi LME. Il semble donc anormalement long. Une analyse plus poussée apparaît alors pertinente. Il serait intéressant de calculer ce ratio par mois. Ainsi :

- si les délais de règlement fournisseurs mensuels sont inférieurs à 75 jours – dans cet exemple –, cela signifie que la société a simplement reçu plus de factures en fin d'année que le reste de l'année ;
- si l'on a un délai de règlement fournisseurs anormalement long en décembre uniquement, cela peut être lié à une difficulté ponctuelle ;
- si les délais de règlement fournisseurs sont longs tout au long de l'année, il y a lieu d'analyser pourquoi :
  - est-ce lié à un problème de trésorerie ?
  - est-ce lié à un litige fournisseur ?

4 Les dettes fiscales et sociales

Présentation des dettes fiscales et sociales

Les dettes fiscales et sociales comprennent les dettes :
- envers le personnel et les comptes rattachés (provisions pour congés payés, etc.) ;
- envers les organismes sociaux : Urssaf, caisses de retraite, de prévoyance, etc. ;
- d'impôts, notamment Impôt sur les sociétés ;
- liées à la TVA ;
- les autres dettes envers l'État.

Appréciation de la variation de ce poste

La variation significative de ce poste peut être signe :
- d'une ***augmentation de l'activité*** : augmentation de la masse salariale, du chiffre d'affaires facturé et donc de la TVA, du résultat et donc de l'impôt sur les sociétés ;
- de ***difficultés de trésorerie*** : difficultés de paiement et mise en place d'échéanciers.

Il est à noter que dans le cas d'une activité soumise à la TVA sur les débits (vente de biens notamment), le solde théorique de TVA collectée est de zéro : la TVA est déclarée au titre du mois de la facturation et donc soldée en contrepartie de la TVA à décaisser au dernier jour du mois.

Dans le cas d'une activité soumise à la TVA sur encaissements, le solde de TVA collectée est normalement celui correspondant au solde clients, à savoir :

[Solde clients / (1 + Taux de TVA)] x Taux de TVA

Il est donc pertinent, en cas de variation significative, de se demander pourquoi et d'analyser – peut-être – le risque fiscal inhérent.

Il est, en outre, intéressant d'analyser d'une manière générale la cohérence des autres dettes sociales et fiscales, comme dans l'exemple ci-après. Par exemple : les dettes sociales sont-elles cohérentes avec la masse salariale, à savoir avec les salaires chargés de l'année ?

■ Exemple : analyse du poste dettes fiscales et sociales

a) Sujet

La société S a une activité de conseil (TVA à 20 %, payée sur les encaissements). Les données ci-après sont issues de ses états financiers :

Au bilan	
Actif du bilan	
Créances clients	90 000 €
Passif du bilan	
Dettes sociales	250 000 €
Dont provision congés payés (charges incluses)	*200 000 €*
TVA due au passif du bilan (dont TVA collectée = 15 000 € / TVA à décaisser = 0 €)	15 000 €
IS dû	2 000 €

Au compte de résultat	
CA	1 000 000 €
Charges de personnel	500 000 €

Calculez le délai moyen de crédit client. Les dettes fiscales et sociales vous paraissent-elles cohérentes avec les autres données financières ?

b) Proposition de corrigé

On a :

Délai moyen du crédit clients = 90 000 / 1,20 / 1 000 000 x 360 = 27 jours, ce qui semble correct.

La TVA due est de 15 000 €, si on prend la TVA sur les créances clients dues, elle est de 90 000 / 1,20 x 20 % = 15 000 €. La société n'a donc *a priori* pas de retard ou de défaut de déclaration de TVA et elle était visiblement en crédit de TVA.

Les dettes sociales hors congés payés sont de 50 000 €, soit 1/10e des charges de l'exercice, ce qui semble cohérent.

La provision congés payés représente 40 % de la masse salariale, ce qui semble très important. En effet, les droits acquis au titre des congés payés sont de l'ordre de 10 % des salaires perçus. Il y a là une piste à explorer : les salariés prennent-ils normalement leurs congés ? Sinon, y a-t-il un risque en matière sociale ?

Remarques complémentaires : si les salariés ne peuvent pas prendre normalement leurs congés payés et qu'il y a, par exemple, un accident du travail ou un burn-out au sein de l'entreprise, la responsabilité de l'entreprise pourra être mise en cause.

Il pourrait en effet exister :

– une faute de l'employeur ;

– un préjudice causé aux salariés ;

– un lien de causalité entre les deux (par exemple, la fatigue due au manque de congés).

Cet exemple montre bien que l'analyse d'un bilan passe nécessairement par des questions de logique et de bon sens.

Comprendre le compte de résultat, les SIG et la CAF

PARTIE 2

Le compte de résultat : présentation, définition et rôle

Chapitre 4

Le compte de résultat est un document de synthèse scindé en trois parties : exploitation, financier et exceptionnel. Il permet d'apprécier l'activité d'une entreprise sur une période donnée – le plus souvent un an.

1 Définition du compte de résultat

■ *Une traduction des opérations de la période*

Tout comme le bilan, le compte de résultat est un document comptable produit *a minima* annuellement par toutes les entreprises – exception faite des entreprises nouvellement créées la première année et en cas de changement de date de clôture comptable. Avec le bilan et l'annexe comptable, il forme les comptes annuels.

Plus précisément, ***il s'agit d'un document normalisé traduisant l'activité de l'entreprise pendant une période donnée***. Les produits correspondent aux gains, les charges aux dépenses.

Les comptes d'une entreprise sont normalement présentés en comptabilité d'engagement. Cela signifie que les montants comptabilisés en charge et en produits sont indépendants des dates de règlement. Ainsi, une dépense se rattachant à la période (par exemple : loyer de la période, commission sur une vente de la période, etc.) sera comptabilisée, quand bien même elle ne serait pas payée.

■ Ce qu'en dit le PCG

Le règlement ANC 2014-03 précise que « *Selon le régime juridique de l'entité, le solde des charges et des produits constitue :*

– le bénéfice ou la perte de l'exercice ;

– l'excédent ou l'insuffisance de ressources.

Aucune compensation ne peut être opérée entre les postes de charges et de produits. »

Le compte de résultat est donc la synthèse des produits et des charges de l'exercice, sachant que :

« *Les charges comprennent :*

– les sommes ou valeurs versées ou à verser :

- *en contrepartie de marchandises, approvisionnements, travaux et services consommés par l'entité ainsi que des avantages qui lui ont été consentis,*
- *en exécution d'une obligation légale,*
- *exceptionnellement, sans contrepartie ;*

– les dotations aux amortissements, aux dépréciations et aux provisions ;

– la valeur d'entrée diminuée des amortissements des éléments d'actif cédés, détruits ou disparus.

[...] les produits comprennent :

– les sommes ou valeurs reçues ou à recevoir :

- *en contrepartie de la fourniture par l'entité de biens, travaux, services ainsi que des avantages qu'elle a consentis,*
- *en vertu d'une obligation légale existant à la charge d'un tiers,*
- *exceptionnellement, sans contrepartie ;*

– la production stockée ou déstockée au cours de l'exercice ;

– la production immobilisée ;

– les reprises sur amortissements et provisions ;

– les transferts de charges ;

– le prix de cession des éléments d'actifs cédés, sous réserve des dispositions particulières fixées à l'article 221-6 pour les titres immobilisés de l'activité de portefeuille et à l'article 222-1 pour les titres de placement. »

2 Présentation du compte de résultat

Le compte de résultat peut se présenter, tel que le prévoit le règlement 2014-03 de l'ANC, comme suit (modèle abrégé) :

Charges (hors taxes)	N	N-1	Produits (hors taxes)	N	N-1
Charges d'exploitation :			Produits d'exploitation :		
Achats de marchandises			Ventes de marchandises		
Variation de stocks (marchandises)			Production vendue (biens et services)		
Achats d'approvisionnements			Production stockée		
Variation de stocks (approvisionnements)			Production immobilisée		
Autres charges externes*			Subventions d'exploitation		
Impôts, taxes et versements assimilés			Autres produits		
Rémunérations du personnel					
Charges sociales					
Dotations aux amortissements					
Dotations aux dépréciations					
Dotations aux provisions					
Autres charges					
Charges financières			Produits financiers		
Total I	x	x	Total I	x	x
Charges exceptionnelles (II)	x	x	Produits exceptionnels (2) (II)	x	x
Impôt sur les bénéfices (III)	x	x			
Total des charges (I + II + III)	x	x	Total des produits (I + II)	x	x
Solde créditeur : **bénéfice (1)**	x	x	Solde débiteur : **perte (3)**	x	x
TOTAL GÉNÉRAL	x	x	TOTAL GÉNÉRAL	x	x

* Y compris redevances de crédit-bail mobilier et redevances de crédit-bail immobilier.
(1) Compte tenu d'un résultat exceptionnel avant impôts de
(2) Dont reprises sur dépréciations, provisions (et amortissements)
(3) Compte tenu d'un résultat exceptionnel avant impôts de...

Le compte de résultat se décompose, comme nous pouvons le constater, en trois parties :

- ***exploitation*** : ce qui est lié à l'activité courante de l'entreprise ;
- ***financier*** : ce qui est lié aux opérations en devises, aux prêts et emprunts, etc. ;
- ***exceptionnel*** : ce qui n'est ni lié à l'activité courante ni lié aux opérations financières : opérations liées aux cessions d'immobilisations, pénalités et amendes, etc.

3 Rôle du compte de résultat

Comme indiqué précédemment, le compte de résultat ne prend pas en compte les flux de trésorerie mais l'enrichissement ou l'appauvrissement réel. Il met en avant la manière dont le résultat s'est formé : augmentation ou diminution du chiffre d'affaires, de la masse salariale, etc. ***Son analyse est donc primordiale dans le cadre de l'analyse financière d'une entreprise***. Elle passe notamment par le calcul de ratios qui seront explicités ci-après.

Le compte de résultat permet d'analyser l'activité d'une période et de mesurer l'enrichissement (ou la perte) et donc la performance d'une entreprise sur cette période. La période antérieure (exercice social N-1) y figure toujours, lorsqu'elle existe, à titre de comparaison. Elle permet une analyse plus fine, car prenant en compte les données financières en elles-mêmes comme leur évolution.

L'essentiel de l'analyse du compte de résultat se focalise sur les charges et produits d'exploitation, tout simplement parce qu'il s'agit de l'activité courante de l'entreprise et, sauf cas particulier, des montants les plus significatifs.

Toutefois, lorsque les résultats financiers et exceptionnels sont significatifs, qu'ils soient positifs ou négatifs, il est important d'analyser pourquoi : la trésorerie est-elle bien gérée ? La société rencontre-t-elle des difficultés ponctuelles ?

4 Test de synthèse corrigé

Les affirmations sont-elles exactes ?

1. Pour analyser les données issues d'un compte de résultat, il est important de regarder le comparatif N/N-1

2. Les charges et les produits sont ventilés entre : exploitation, financier, extraordinaire

Réponses :

1. Oui ; 2. Non, on parle de résultat exceptionnel et non extraordinaire.

Les soldes intermédiaires de gestion (SIG)

Chapitre 5

Le compte de résultat permet d'avoir un certain nombre d'informations sur la rentabilité d'une entreprise. Les soldes intermédiaires de gestion (SIG) s'appuient sur ces éléments et permettent de mettre en valeur des ratios pertinents.

1 Présentation des SIG

Définition et rôle

Les SIG sont des ***indicateurs financiers qui s'appuient sur le compte de résultat et permettent d'analyser la gestion d'une entreprise***. Leur mode de calcul est prévu par le règlement ANC 2015-06.

Leur calcul et leur analyse permettent à la fois d'analyser les performances d'une entreprise sur une période donnée, mais également de comparer ses ratios à ceux d'autres entreprises du même secteur.

Ils sont utilisés au quotidien par :

- *les dirigeants d'entreprise* : afin de comparer les performances d'une année sur l'autre ;
- *les services comptables et par les conseils de l'entreprise* : afin de vérifier la cohérence des comptes d'une entreprise ;
- *les services fiscaux* : toute incohérence peut déclencher un contrôle fiscal. C'est notamment le cas lorsque les SIG en pourcentage varient fortement d'une année sur l'autre ou lorsque ces données sont sensiblement différentes des autres entreprises d'un même secteur d'activité ;
- *les banques* : pour analyser les performances prévisionnelles des entreprises dans le cadre de *business plans*.

■ *Tableau proposé par le règlement ANC 2015-06*

L'article 842-1 du règlement ANC 2015-06 propose l'utilisation du tableau suivant pour calculer les SIG :

Produits (Colonne 1)		**Charges (Colonne 2)**		**Soldes intermédiaires (Col. 1 – Col. 2)**	**N**	**N-1**
Vente de marchandises		Coût d'achat des marchandises vendues		• Marge commerciale		
Production vendue						
Production stockée		ou déstockage de production *(a)*				
Production immobilisée						
Total		**Total**		• Production de l'exercice		
• Production de l'exercice		Consommation de l'exercice en provenance de tiers				
• Marge commerciale						
Total		**Total**		• Valeur ajoutée		
• Valeur ajoutée		Impôts, taxes et versements assimilés *(b)*				
Subventions d'exploitation		Charges de personnel				
Total		**Total**		• Excédent brut (ou insuffisance brute) d'exploitation		
• Excédent brut d'exploitation		• ou insuffisance brute d'exploitation				
Reprises sur charges et transferts de charges		Dotations aux amortissements, aux dépréciations et aux provisions				
Autres produits		Autres charges				
Total		**Total**		• Résultat d'exploitation (bénéfice ou perte)		
• Résultat d'exploitation		• ou Résultat d'exploitation				
Quote-part de résultat sur opérations faites en commun		Quote-part de résultat sur opérations faites en commun				
Produits financiers		Charges financières				
Total		**Total**		• Résultat courant avant impôts (bénéfice ou perte)		

Produits exceptionnels		Charges exceptionnelles		• Résultat exceptionnel (bénéfice ou perte)		
• Résultat courant avant impôts		• ou Résultat courant avant impôts				
• Résultat exceptionnel		• ou Résultat exceptionnel				
		Participation des salariés				
		Impôt sur les bénéfices				
Total		Total		• Résultat de l'exercice (bénéfice ou perte) *(c)*		
Produits des cessions d'éléments d'actif		Valeur comptable des éléments cédés		Plus-values et moins-values sur cessions d'éléments d'actifs		

(a) En déduction des produits dans le compte de résultat.
(b) Pour le calcul de la valeur ajoutée, sont assimilés à des consommations externes, les impôts indirects à caractère spécifique inscrits au compte 635 « Impôts taxes et versements assimilés » et acquittés lors de la mise à la consommation des biens taxés.
(c) Soit : Total général des produits + Total général des charges

Les formules de calcul des différents SIG seront détaillées ci-après. Comme le montre ce tableau, le calcul des SIG se fait « en cascade » à partir du compte de résultat.

2 Calcul des SIG

■ Marge commerciale, Production totale de l'exercice et Marge brute globale

En premier lieu, sont distinguées ***la marge commerciale*** (pour les activités de négoce) et ***la marge brute de production*** (pour les autres activités). La somme de ces deux marges forme ***la marge brute globale***.

Les calculs des marges sont les suivants :

CA lié aux ventes de marchandises *(comptes 707 et 709 y afférant)*
– Coût d'achat des marchandises vendues *(comptes 6037, 607, 608)*
= Marge commerciale

Production vendue *(comptes 701 à 706, 708 et 709 y afférant)*
\+ Production stockée *(comptes 71)*
\+ Production immobilisée *(comptes 72)*
= Production totale de l'exercice

Production totale de l'exercice
– Achats de matières premières et approvisionnements *(comptes 601, 602, 6081, 6082)*
\+ RRRO s/ achats matières premières *(comptes 6091, 6092)*
– Variation de stocks *(comptes 6031, 6032)*
– Sous-traitance directe *(comptes 604, 605)*
\+ RRRO s/ sous-traitance *(comptes 6094, 6095)*
= Marge brute de production

Marge commerciale
\+ Marge brute de production
= Marge brute globale

Comme nous pouvons le constater, ne sont utilisés pour le calcul de la marge brute globale que les premières lignes du compte de résultat (quatre premières lignes des charges et produits d'exploitation du modèle abrégé).

■ *Valeur ajoutée et Excédent brut d'exploitation*

a) La valeur ajoutée

La valeur ajoutée (VA) prend en compte, en dehors des éléments ci-avant, les autres achats et charges externes, à savoir notamment : les achats de petit équipement et fournitures de bureau, les redevances de crédit-bail, les loyers et charges locatives liées, les assurances, honoraires, cadeaux, frais de déplacement, frais de mission et de réceptions.

Marge brute globale
– **Autres achats et charges externes** *(comptes 606, 61, 62)*
= Valeur ajoutée

Il semble intéressant de constater que la valeur ajoutée au sens des SIG n'est pas la même qu'au sens fiscal. Au sens fiscal, la valeur ajoutée est la base d'imposition à la CVAE. Pour la calculer, sont notamment retraités les loyers de plus de six mois et incorporées les subventions d'exploitation et transferts de charges liés à des charges déductibles de la CVAE, mais également les autres charges de gestion courante (comptes 65) hors quotes-parts sur opérations faites en commun.

b) L'excédent brut (ou insuffisance brute) d'exploitation

L'excédent brut (ou insuffisance brute) d'exploitation (EBE) se calcule à partir de la valeur ajoutée. Il prend en compte d'autres éléments d'exploitation directement liés à l'activité : les salaires et charges sociales y afférant, les impôts et taxes, ainsi que les subventions d'exploitation reçues.

Valeur ajoutée
+ **Subventions d'exploitation** *(comptes 74)*
– **Impôts, taxes** *(comptes 63)*
– **Charges de personnel** *(comptes 64)*
= Excédent brut d'exploitation

Lorsque ce ratio est positif on parle d'EBE ; lorsqu'il est négatif d'IBE (insuffisance brute d'exploitation).

Un autre ratio souvent utilisé est l'EBITDA, à savoir l'*Earning Before Interest, Taxes, Dépreciation and Amortization*, soit littéralement : résultat avant intérêts, impôts, provisions et amortissements. Ce ratio est souvent relativement proche de l'EBE, la différence entre ces deux ratios étant principalement le résultat exceptionnel, les autres produits, charges et transferts de charges qui sont pris en compte dans le calcul de l'EBITDA mais pas dans celui de l'EBE.

Résultats d'exploitation, financier, RCAI et résultat de l'exercice

Les autres SIG permettent de ventiler le résultat en trois volets : ***exploitation et financier*** (qui forment, avec l'éventuelle quote-part de résultat sur opérations faites en commun, le résultat courant avant impôts) ***et résultat exceptionnel***. Le cumul de ces trois résultats forme le bénéfice ou la perte de la période.

a) Passage de l'EBE au REX (résultat d'exploitation)

Le résultat d'exploitation permet de mettre en avant le résultat des opérations liées à l'activité et ce hors opérations exceptionnelles et ou financières. Il se calcule avant impôt sur les sociétés.

Excédent brut d'exploitation
\+ Reprises sur amortissements et provisions *(comptes 781)*
\+ Transferts de charges d'exploitation *(comptes 791)*
\+ Autres produits *(comptes 75 hors 755)*
– Dotations aux amortissements et provisions *(comptes 681)*
– Autres charges *(comptes 65 hors 655)*
= Résultat d'exploitation (REX)

b) Le RCAI (résultat courant avant impôts)

Le RCAI est égal au résultat de l'exercice, auquel on ôte l'impôt sur les sociétés et le résultat exceptionnel. Il se calcule également en additionnant les résultats financiers et d'exploitation et l'éventuelle quote-part sur opérations faites en commun.

Produits financiers *(comptes 76, 786, 796)*
– Charges financières *(comptes 66, 686)*
= Résultat financier

Résultat d'exploitation
+ Résultat financier
+/– Quote-part de résultat sur opérations faites en commun *(comptes 755, 655)*
= Résultat courant avant impôts (RCAI)

c) Passage du RCAI au résultat de la période

Produits exceptionnels *(comptes 77, 787, 797)*
– Charges exceptionnelles *(comptes 67, 687)*
= Résultat exceptionnel

Résultat courant avant impôts
+ Résultat exceptionnel
– Participation des salariés
– Impôt sur les bénéfices
= Résultat de la période

■ *Taux de marge et taux de marque*

Les taux de marge et de marque sont deux indicateurs de rentabilité incontournables.

Il s'agit en effet de la marge, rapportée soit au montant de la charge inhérente (taux de marge) soit au montant du chiffre d'affaires inhérent (taux de marque).

On a donc :

Taux de marge = Marge / Coût d'achat HT
Taux de marque = Marge / Chiffre d'affaires HT

Les marges à prendre en compte peuvent être, en fonction de la nature de l'activité :

– *la **marge commerciale***, par exemple pour une activité de négoce ;
– la ***marge brute de production***, par exemple pour une société de BTP (Bâtiments Travaux Publics) ;
– la ***marge brute globale***, par exemple pour un salon de coiffure qui, en plus de son cœur de métier, revendrait des produits à sa clientèle.

Dans l'exemple d'une société de négoce, à savoir de revente de marchandises achetées, on aurait ainsi :

> Taux de marge = Marge commerciale / Coût d'achat des marchandises vendues
> Taux de marque = Marge commerciale / Chiffre d'affaires HT

Dans l'exemple d'une société de prestations de services, on aurait :

> Taux de marge = Marge brute / Sous-traitance directe (nettes des remises éventuelles)
> Taux de marque = Marge brute / Chiffre d'affaires HT

Utilisations des taux de marge et de marque

L'INSEE publie régulièrement les chiffres clefs par secteur d'activité. On constate ainsi et par exemple que les taux de marque des commerces d'alimentation générale sont généralement compris entre 14 % et 26 %, là où les taux de marque des commerces de vêtements, accessoires, meubles et loisirs sont généralement compris entre 36 % et 47 %.

Il est intéressant d'analyser les taux de marge et de marque à un instant T, de voir leur évolution sur une période mais également de les comparer à ceux d'entreprises du même secteur.

Calculer et analyser les taux de marge et de marque permet donc notamment :

– de ***contrôler la cohérence de l'activité***, que ce soit pour le dirigeant, le service comptable, les conseils ou les services fiscaux, et ainsi de limiter le risque d'erreurs dans les comptes ;
– de ***comparer les performances d'une entreprise à celles d'entreprises comparables***, et d'analyser les écarts : les prix d'achat sont-ils trop élevés ? le prix de vente trop bas ?
– d'***évaluer le caractère réaliste d'un prévisionnel*** : la marge est-elle cohérente avec ce qui se pratique dans la profession ?

Exemple : prenons le cas d'une société de prestations de services, dans laquelle on aurait les données suivantes :

En K€	**Année 1**	**Année 2**	**Année 3**	**Année 4**	**Année 5**
Compte 706 – Prestations de services	10 110	10 680	11 844	10 928	11 997
Compte 604 – Sous-traitance	5 788	5 985	7 053	6 279	6 576

On a ainsi :

Marge brute [Compte 706 – Compte 604]	4 322	4 695	4 791	4 649	5 421
Taux de marge [Marge / Sous-traitance]	75 %	78 %	68 %	74 %	82 %
Taux de marque [Marge / CA]	43 %	44 %	40 %	43 %	45 %

Que nous indiquent ces chiffres ?

Tout d'abord, ils montrent une tendance, à comparer à celle d'entreprises similaires :

- le taux de marge est compris entre 68 % et 82 %, le taux de marque entre 40 % et 45 % ;
- on constate une variation significative de ces taux (14 % pour le taux de marge, 5 % pour le taux de marque), ce qui est courant pour une activité de prestations de services. En effet, un prestataire de services peut plus ou moins faire appel à la sous-traitance en fonction de ses besoins : normalement, si elle recrute, elle fera moins appel à la sous-traitance. *A contrario*, si le chiffre d'affaires évolue sans que la masse salariale suive, elle pourra faire d'avantages appel à la sous-traitance. Dans une activité de vente de marchandises, une variation significative de ces taux doit, *a contrario*, généralement alerter.
- la société a relativement plus fait appel à la sous-traitance en année 3 et moins en année 5 : cela indique peut-être une meilleure adéquation de la masse salariale à l'activité.

Ainsi, et comme nous le montre cet exemple, l'analyse des taux de marque et de marge dépend du type d'activité (vente, production ou prestation de services). Ces taux sont à comparer avec les chiffres d'entreprises comparables du même secteur d'activité et les taux de la même entreprise issus des comptes d'autres périodes.

3 L'analyse des SIG

Les SIG calculés ci-avant permettent une analyse du compte de résultat.

Analyse en valeur ou en pourcentage

Tout d'abord, l'analyse des SIG peut se faire sur quatre bases :

- ***les SIG en valeur monétaire*** (euros) ;
- ***la variation des SIG*** : une variation significative pourra en effet être un indicateur clef ;
- ***le pourcentage du chiffre d'affaires*** : c'est l'un des indicateurs les plus pertinents puisqu'il permet de prendre en compte le volume d'activité. C'est notamment ainsi que se calcule le taux de marque vu précédemment ;
- ***la variation du pourcentage du chiffre d'affaires***.

Prenons l'exemple d'une société de négoce (activité d'achat et de revente de marchandises) dans laquelle on aurait les chiffres suivants :

Libellé	N	% CA N	N-1	% CA N-1
Ventes de marchandises	12 000	100 %	10 000	100 %
CAMV	9 000	75 %	6 000	60 %
Marge commerciale	3 000	25 %	4 000	40 %

Quelle analyse en faire ?

- le chiffre d'affaires a augmenté de 20 % [(12 000 – 10 000) / 10 000] ;
- la marge commerciale a diminué de 25 % [(3 000 – 4 000) / 4 000] ;
- cette variation s'explique par une augmentation relative du coût d'achat des marchandises vendues : il représentait 60 % du CA en N-1, contre 75 % en N ;
- les coûts d'achat de marchandises ont donc été moins bien maîtrisés en N.

Il semble donc, dans le cas présent, plus pertinent d'analyser plus en détail la marge commerciale, par exemple par catégorie de produit vendu.

Marge commerciale, Production totale de l'exercice et Marge brute globale

a) Analyse de la marge commerciale

Comme énoncé précédemment, la marge commerciale correspond aux ventes de marchandises diminuées de leur coût d'achat (coût d'achat des marchandises vendues). La vente à perte est interdite en France et ce, sauf exceptions particulières (soldes, vente en liquidation, produits périssables sous conditions, etc.). La marge commerciale est donc normalement nécessairement positive.

Ce SIG est souvent le plus pertinent pour les sociétés de négoce. Son analyse détaillée par produit ou catégorie de produit est alors un outil d'aide à la décision intéressant. Pour un même secteur d'activité, les taux de marge commerciale et de marque sont souvent comparables.

Il est intéressant :

- d'analyser les marges par produit ou catégorie de produits ;
- de comparer les taux de marge d'une entreprise de négoce par rapport aux entreprises du même secteur.

b) Analyse de la marge brute de production

Comme nous l'avons vu, la marge brute de production correspond au chiffre d'affaires lié à toutes les activités hors négoce – à savoir aux prestations de services, à la production de biens, etc. – diminué des charges directement liées : consommation de matières premières et sous-traitance. Il s'agit donc de mesurer la rentabilité directe des activités de production de biens et de services.

Ce SIG concerne donc plusieurs types d'activités :

- *les prestations de services* : conseil, formation, assistance, etc. ;
- *les productions de biens* : il s'agit de la vente de biens nécessitant une transformation. Nous pouvons prendre l'exemple d'une boulangerie, d'une société de production automobile, etc. ;
- *la production immobilisée* : il s'agit d'activités effectuées par une société pour elle-même et constituant des immobilisations, à savoir des ressources durables. L'un des meilleurs exemples étant une entreprise de BTP pour laquelle les salariés effectueraient des travaux d'aménagement des locaux. Comptablement, la production immobilisée s'évalue au coût de revient.

Tout comme pour la marge commerciale, il peut être intéressant d'analyser la marge brute de façon plus approfondie par activité ou type de services proposés par l'entreprise.

c) Analyse de la marge brute globale

Beaucoup d'entreprises ont des activités mixtes : ventes de marchandises, prestations de services et/ou production de biens. Cela peut être le cas de sociétés spécialisées dans l'aménagement immobilier qui vont produire des biens (cloisons, meubles sur mesure) à partir de matières premières, vendre certains biens en l'état (outillage, meubles standards) mais également proposer des prestations de services (pose et conseil). Cela peut aussi être le cas d'un coiffeur qui effectuerait des prestations de services et vendrait des produits de coiffure.

Dans le cas de ces sociétés aux activités mixtes, il est intéressant d'étudier la marge commerciale, la marge brute de production ainsi que le cumul de ces deux marges, à savoir la marge brute globale.

Plus encore, il est intéressant de détailler cette marge brute globale par activité, par produit ou par chantier. L'utilisation d'une comptabilité analytique peut alors être utile. Une comptabilité analytique est en effet une comptabilité établie en parallèle de la comptabilité générale : chaque ligne comptable est affectée à un compte général et à un ou plusieurs comptes analytiques. Par exemple :

Date	Compte	Libellé	Montant débit	Montant crédit	Compte analytique axe 1 (dans l'exemple, type de prestation)	Compte analytique axe 2 (dans l'exemple, commercial concerné)
31/12/2016	706000	Prestation de conseil		15 000 €	Stratégie marketing	Commercial A
31/12/2016	706000	Prestation de conseil		12 000 €	Social medias	Commercial B

La comptabilité analytique permet ainsi de ventiler les produits et les charges selon des critères jugés pertinents.

L'analyse de la marge brute permet d'analyser l'activité d'une entreprise et constitue un outil décisionnel fort : il peut permettre de décider quels produits mettre en avant dans le catalogue d'une entreprise de négoce ou d'analyser, par exemple, pourquoi certains chantiers d'une entreprise de BTP sont bien moins rentables que d'autres.

Valeur ajoutée et Excédent brut d'exploitation

a) Analyse de la valeur ajoutée

La VA correspond, comme son nom le laisse supposer, à la valeur produite par l'activité de l'entreprise, à savoir la valeur ajoutée à l'économie française. D'ailleurs, d'un point de vue macro-économique, le PIB de la France se calcule comme étant la somme des valeurs ajoutées brutes à laquelle sont ajoutés certains impôts et taxes récupérés par l'État (TVA, droits de douane, taxes spécifiques) et à laquelle sont ôtées les subventions sur les produits (subventions versées par unité de bien ou de service produite ou importée).

Plus précisément, la valeur ajoutée correspond à la marge brute à laquelle sont ôtées les charges externes. Comme pour les autres ratios, elle peut être calculée par activité ou au niveau de l'entreprise directement.

La valeur ajoutée est un indicateur de richesse qui peut être utilisé pour mesurer la richesse brute produite par une entreprise. Elle peut être calculée au sein d'une entreprise, par secteurs d'activité ou bien par produits. Cette donnée universelle sert à comparer les entreprises du même secteur d'activité.

Différents ratios complémentaires existent. Il est notamment possible de calculer le ratio suivant :

Part des salaires dans la valeur ajoutée = Masse salariale chargée / Valeur ajoutée

L'analyse de l'évolution au cours des années de ce ratio est particulièrement intéressante. Il doit normalement être inférieur à 100 %, sinon l'activité est déficitaire. Il s'agit d'un critère de productivité : plus il est faible, plus le rendement des salariés est important.

b) Analyse de l'excédent brut d'exploitation

Comme nous l'avons vu, l'EBE est égal à la valeur ajoutée à laquelle on soustrait les impôts, taxes et charges de personnel et à laquelle on ajoute les subventions d'exploitation. Il s'agit d'un indicateur très utilisé dans le cadre de l'analyse de la rentabilité des entreprises et notamment dans le cadre d'évaluation d'entreprises – comme nous le verrons dans la quatrième partie.

Il s'agit, en effet, de la ressource d'exploitation générée par l'activité même de l'entreprise. L'EBE ne prend pas en compte dans son calcul les provisions ou l'amortissement du matériel, les transferts de charges, les charges ou produits divers. Il permet donc de mesurer la performance industrielle et commerciale de l'entreprise, sans prendre en compte ni sa politique de financement, de provisionnement ou d'amortissement, ni les évènements exceptionnels de l'exercice.

Une insuffisance brute d'exploitation (EBE négatif) est ainsi le signe qu'une entreprise perd de l'argent sur son activité même.

■ *Résultats d'exploitation, financier, RCAI et résultat de l'exercice*

Les soldes intermédiaires de gestion suivants sont assez évidents à interpréter.

a) Résultats d'exploitation et financier

Le résultat d'exploitation correspond au résultat lié à l'activité de l'entreprise et sans prendre en compte ni sa politique de financement, ni les opérations exceptionnelles, ni l'impôt sur les sociétés. La quote-part de résultat sur opérations faites en commun n'est également pas prise en compte puisqu'il ne s'agit pas, normalement, de l'activité de l'entreprise.

Le résultat financier est le reflet de la politique de financement de l'entreprise. Un résultat financier fortement déficitaire peut être le signe de graves problème de trésorerie et de mauvaise santé financière.

b) RCAI et résultat de l'exercice

Le RCAI est égal au résultat comptable hors résultat exceptionnel et avant impôt sur les sociétés et participation des salariés. Il permet notamment de prendre en compte les charges et produits financiers. Il permet donc de mesurer l'impact de l'endettement et/ou des placements d'une entreprise ainsi que son activité propre, et ce hors éléments exceptionnels.

Le résultat de l'exercice est le montant qui pourra être distribué ou affecté en réserves ou report à nouveau afin de consolider les fonds propres de l'entreprise. De façon assez dogmatique, s'il est positif, l'entreprise a gagné de l'argent. Sinon, elle en a perdu.

Le résultat de l'exercice est souvent la première donnée financière, avec le chiffre d'affaires, que regarderont les banques et les investisseurs.

4 Exercice d'application

Cet exercice est issu du sujet d'annales du Brevet Professionnel banque de la session 2011, épreuve d'Environnement économique, juridique et comptable.

■ *Sujet*

« Maurin des Alpilles est un bar à vins situé au cœur de la ville, fréquenté par le monde du show-business et par quelques personnalités politiques. L'activité est réalisée à hauteur de 60 % durant la période estivale (mai à octobre). Le chiffre d'affaires (CA) connaît une baisse sensible qui semble conjoncturelle et essentiellement due aux conséquences de la crise économique. Son proche concurrent va partir à la retraite, ce qui lui permet d'envisager une progression de l'activité de +20 % en N+1. »

À l'aide des éléments suivants, complétez le tableau des soldes intermédiaires de gestion ci-après. Procédez à l'analyse critique des soldes intermédiaires de gestion (SIG) de l'affaire « Maurin des Alpilles ».

	Exercice N	**Exercice N-1**
Ventes de marchandises	641 024	791 104
Reprises sur amort. prov. et transfert de charges		3 004
Autres produits		3 102
Total des produits d'exploitation	**641 024**	**797 210**
Achat de marchandises	408 002	578 024
Variation de stocks de march.	37 441	(40 018)
Autres achats et charges externes	62 641	87 001
Impôts, taxes et versements assimilés	17 121	12 840
Salaires et traitements	63 945	88 641
Charges sociales	33 217	48 510
Dotations aux amortissements	6 116	13 744
Total des charges d'exploitation	**628 483**	**788 742**
Résultat d'exploitation	**12 541**	**8 468**
Intérêts et charges assimilées	7 998	17 024
Résultat financier	(7 998)	(17 024)
Produits exceptionnels	3 246	
Charges exceptionnelles	4 008	2 000
Résultat exceptionnel	(762)	(2 000)
Impôt sur les bénéfices	1 150	1 040
Bénéfice ou perte	**2 631**	**(11 596)**

Tableau des SIG (en K€)	N-1	%	N	%
Ventes de marchandises Production vendue Production stockée Production immobilisée	791			
Activité de l'exercice	**791**	**100**		
Consommation de marchandises	538			
Marge commerciale	**253**	**31,9**		
Consommations de matières premières				
Autres achats et charges externes	87			
Valeur ajoutée	**166**	**20,9**		
Impôts et taxes	13			
Charges de personnel	137			
Excédent brut d'exploitation	**16**	**2**		
Dotations aux amortissements et aux prov. d'exploitation	14			
Reprises sur amortissements et prov. d'exploitation	3			
Autres produits et charges d'exploitation	3			
Résultat d'exploitation	**8**	**1**		
Produits financiers				
Charges financières	17			
Résultat courant	**-9**	**ns**		
Produits exceptionnels				
Charges exceptionnelles	2			
Participation des salariés				
Impôt sur les bénéfices	1			
Résultat de l'exercice	**-12**	**ns**		

Proposition de corrigé

Tableau des SIG (en K€)	N-1	%	N	%
Ventes de marchandises Production vendue Production stockée Production immobilisée	791		641	
Activité de l'exercice	**791**	**100**	**641**	**100**
Consommation de marchandises	538		445	
Marge commerciale	**253**	**31,9**	**196**	**30,5**
Consommations de matières premières				
Autres achats et charges externes	87		63	
Valeur ajoutée	**166**	**20,9**	**133**	**20,7**
Impôts et taxes	13		17	
Charges de personnel	137		97	
Excédent brut d'exploitation	**16**	**2**	**19**	**2,9**
Dotations aux amortissements et aux prov. d'exploitation	14		6	
Reprises sur amortissements et prov. d'exploitation	3			
Autres produits et charges d'exploitation	3			
Résultat d'exploitation	**8**	**1**	**13**	**2**
Produits financiers				
Charges financières	17		8	
Résultat courant	**-9**	**ns**	**5**	**0,7**
Produits exceptionnels			3	
Charges exceptionnelles	2		4	
Participation des salariés				
Impôt sur les bénéfices	1		1	
Résultat de l'exercice	**-12**	**ns**	**3**	**0,4**

Détail des calculs :

Consommations de marchandises = Achats de marchandises + Variation de stock = 408 + 37 = 445 K€

Charges de personnel = Salaires et traitements + Charges sociales = 64 + 33 = 97 K€

L'énoncé nous indiquait que « *Le chiffre d'affaires (CA) connaît une baisse sensible qui semble conjoncturelle et essentiellement due aux conséquences de la crise économique.* » En effet, le chiffre d'affaires a diminué de 156 K€, soit 19,59 %. La marge commerciale s'est globalement maintenue autour de 31 % du chiffre d'affaires malgré une légère diminution (30,5 % en N contre 31,9 % en N-1). La valeur ajoutée passe de 20,9 % du chiffre d'affaires à 20,7 %. Les charges externes, qui représentaient 10,91 % du chiffre d'affaires, n'en représentent plus que 9,77 %, ce qui reflète une maîtrise des coûts. La masse salariale a fortement diminué (-40 K€) et ne représente plus que 15 % du chiffre d'affaires, contre 17 % en N-1. Le résultat d'exploitation reste stable. La diminution des charges financières et l'augmentation du résultat exceptionnel permettent de ressortir un résultat positif.

En conclusion, il semble que, malgré une baisse sensible de l'activité, la société Maurin des Alpilles ait une bonne maîtrise de ses coûts et ait pu diminuer sa masse salariale. S'agissant d'une activité saisonnière, elle a probablement su adapter les dépenses de personnel à la saisonnalité. Il serait d'ailleurs intéressant de faire une analyse des soldes intermédiaires de gestion sur la saison haute uniquement, puis par différence sur la saison basse.

Les autres indicateurs de performance liés au compte de résultat

Chapitre 6

D'autres indicateurs de performance sont souvent utilisés en analyse financière : la capacité d'autofinancement, l'autofinancement, le seuil de rentabilité, le point mort, la marge de sécurité et l'indice de sécurité.

1 La capacité d'autofinancement (CAF)

Définition et utilisations

La CAF de l'entreprise fait partie de ses ressources durables. Elle se définit comme une ressource interne brute de l'entreprise.

Elle correspond à l'***ensemble des produits encaissables*** (hors produits de cession des éléments d'actifs) minorés de l'ensemble des charges décaissables.

La CAF peut être utilisée pour :

- ***financer le développement de l'entreprise*** : investir, rembourser les dettes financières, épargner en mettant en réserves ;
- ***rémunérer les actionnaires*** *via* la distribution de dividendes.

Méthodes de calcul

Il existe deux manières de calculer la CAF : une première, dite soustractive ou indirecte, à partir du résultat net de l'exercice et une seconde, dite additive ou directe, à partir de l'EBE.

a) Calcul à partir du compte de résultat

La première méthode consiste à partir du compte de résultat. On a un effet :

Résultat net de l'exercice

+ Charges non décaissables *(Dotations aux amortissements et aux provisions et VCEAC – Valeur comptable des éléments d'actifs cédés / comptes 68 et 675)*

– Produits non encaissables *(Reprises sur amortissements et provisions et quote-part de subventions d'investissements virées au compte de résultat / comptes 78 et 777)*

– PCEAC *(Produits des éléments d'actifs cédés / comptes 775)*

= CAF

b) Calcul à partir de l'EBE

La deuxième méthode propose de calculer la CAF à partir de l'EBE. On a en effet :

EBE

+ Transfert de charges d'exploitations *(comptes 791)*

+ Autres produits d'exploitation *(comptes 75 hors 755)*

– Autres charges d'exploitation *(comptes 65 hors 655)*

+/– Quote-part de résultat sur opérations faites en commun *(comptes 755 et 655)*

+ Produits financiers sauf reprises sur provisions et dépréciations *(comptes 76)*

– Charges financières sauf dotations aux amortissements, aux dépréciations et aux provisions financiers *(comptes 66)*

+ Produits exceptionnels sauf produits des cessions d'immobilisations, quote-part des subventions d'investissement virées au résultat de l'exercice, reprises sur provisions et dépréciations exceptionnelles *(comptes 787 et comptes 77 hors 775 et 777)*

– Charges exceptionnelles sauf valeur comptable des immobilisations cédées, dotations aux amortissements, aux dépréciations et aux provisions exceptionnelles *(comptes 687 et 67 hors 675)*

– Participation des salariés aux résultats et impôt sur les bénéfices *(comptes 69)*

c) Exercice

Cet exercice est très largement inspiré des annales 2014 de l'UE 6 du DCG.

Calculez la CAF à partir du compte de résultat ci-après :

Production vendue (biens et services)	6 900
Production stockée	321
Subventions d'exploitation	84
Reprises sur provisions	24
Total	**7 329**
Achat de matières premières et autres approvisionnements	1 689
Variation de stock matières premières et autres approvisionnements	-269
Autres achats et charges externes	2 910
Impôts taxes et versements assimilés	99
Salaires et traitements	1 435
Charges sociales	535
Dotations aux amortissements	313
Autres charges	23
Total	**6 735**
Résultat d'exploitation	**594**
Intérêts	5
Produits sur cessions de valeurs mobilières	1
Total	**6**
Intérêts et charges assimilées	43
Total	**43**
Résultat financier	**-37**
Produits exceptionnels sur opérations de gestion	12
Produits de cessions d'éléments d'actifs	12
Total	**24**
Valeur nette comptable des éléments d'actifs cédés	5
Total	**5**
Résultat exceptionnel	**19**
Impôt sur les bénéfices	72
Bénéfice	**504**

La CAF peut se calculer comme suit à partir du résultat de l'exercice :

Résultat net de l'exercice	504
Dotations aux amortissements	313
Reprise sur provisions	-24
Valeur nette comptable des éléments d'actifs cédés	5
Produits de cessions d'éléments d'actifs	-12
CAF	**786**

■ *La capacité de remboursement*

Le calcul de la CAF permet de calculer plusieurs ratios pertinents, dont la capacité de remboursement, qui se calcule en années. Comme son nom le laisse présager, la capacité de remboursement ***sert à mesurer la capacité d'une entreprise à rembourser ses dettes financières***.
Elle se calcule comme suit :

Capacité de remboursement = Dettes financières / CAF

La capacité de remboursement est importante dans le sens où une entreprise est normalement capable de rembourser ses emprunts en 3 à 5 ans maximum. Si ce ratio est supérieur à 5, cela signifie que la société ne dégage pas une CAF suffisante pour pouvoir rembourser ses dettes financières en moins de cinq ans. Un tel ratio doit donc alerter. Idéalement, il doit être inférieur à 3.

■ *Le rapport entre la CAF et le CA*

Il peut être également intéressant de calculer le ratio suivant :

Rentabilité (ou profitabilité) de l'activité = CAF / CA

Ce ratio met en avant la part de ressources internes durables, qui est générée par le chiffre d'affaires et qui permet de financer des investissements.

2 L'autofinancement

■ *Contexte et calcul de l'autofinancement*

Comme nous l'avons vu préalablement, la CAF peut être utilisée soit pour financer le développement de l'entreprise, soit pour rémunérer les actionnaires via la distribution de dividendes.

L'autofinancement correspond à la quote-part de la CAF laissée dans l'entreprise pour financer ses investissements, épargner ou rembourser des dettes financières.

On a ainsi :

> Autofinancement = CAF – Dividendes payés (en N)

L'analyse de l'autofinancement permet de s'interroger sur une question essentielle : que traduit la politique menée par les actionnaires ? Une volonté de rémunérer ses actionnaires ? D'investir ? Les deux ?

■ *L'autofinancement net pour financer la croissance*

La CAF a donc trois utilisations principales :

- rémunérer les actionnaires à travers la distribution de dividendes ;
- financer la croissance à travers l'indépendance financière : c'est le cas quand elle rembourse des dettes financières ;
- financer la croissance à travers l'investissement.

Schématiquement, on a donc :

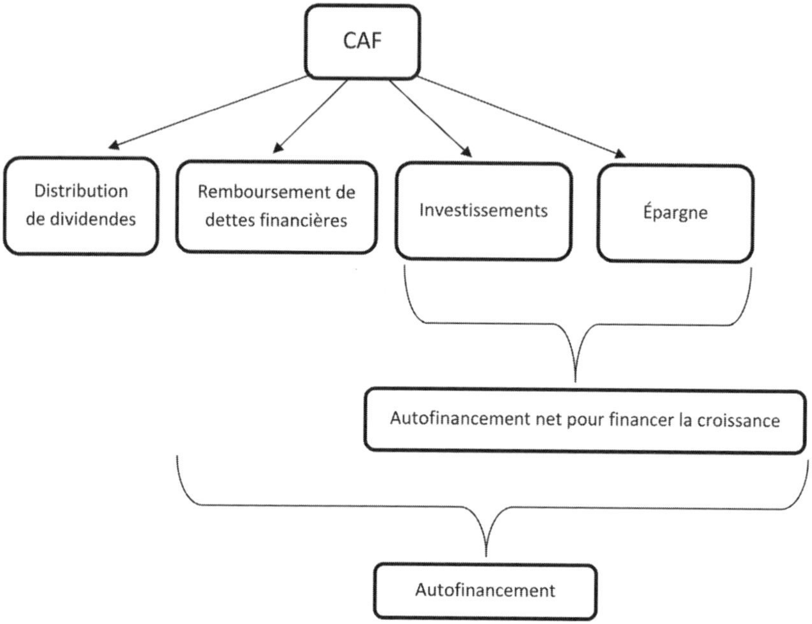

Sur cette base, il est possible de calculer l'autofinancement net servant à financer la croissance selon la formule suivante :

> CAF
> – Dividendes payés (en N)
> – Remboursements des dettes financières
> = Autofinancement net pour financer la croissance

Ratio de répartition de la valeur ajoutée

Il est possible de calcul le ratio suivant :

Ratio de répartition de la valeur ajoutée = Autofinancement / Valeur ajoutée

Ce ratio permet de mesurer la part relative de la VA (donc de la marge brute globale minorée des autres achats et charges externes) dans la partie de la CAF servant à financer la croissance.

3 Le seuil de rentabilité, le point mort et la marge de sécurité financière

Définitions et utilisation

a) Définition du seuil de rentabilité

Avez-vous déjà entendu un dirigeant d'entreprise dire qu'il « *court après son seuil de rentabilité* » ? Dans l'affirmative, cela signifie qu'il essaie de générer – comme la plupart des dirigeants – assez de chiffre d'affaires pour dégager un bénéfice.

Le seuil de rentabilité s'exprime en euros : ***c'est le montant de chiffre d'affaires à partir duquel l'entreprise devient rentable***, donc arrive à compenser ses charges. Ces charges peuvent être :

– ***les charges fixes***, qui ne dépendent pas de l'activité. C'est, par exemple, le cas du loyer : peu importe que la société ait une forte activité ou non, cette charge ne variera pas, la société devra payer le même loyer ;

– ***les charges variables***, qui dépendent de l'activité. C'est par exemple le cas de l'achat de marchandises : elles dépendent des commandes et donc des ventes.

Le seuil de rentabilité est donc le montant de chiffre d'affaires minimum à générer pour ne pas être en déficit.

b) Définition du point mort

Le point mort s'exprime en jours. C'est le corollaire du seuil de rentabilité : il s'agit en effet du ***nombre de jours à partir duquel l'activité d'une entreprise devient rentable***. Ainsi, si le point mort d'une société est de 90 jours, cela signifie que si elle ne dégage plus de chiffre d'affaires après le 31 mars, soit 90 jours après le début de son exercice social, son résultat de l'année sera de zéro.

c) Utilisation

Le seuil de rentabilité et le point mort sont des outils utilisés au quotidien par les entrepreneurs pour apprécier leurs performances de l'année. Le seuil de rentabilité, en particulier, permet de savoir quel montant de chiffre d'affaires il faut « faire » pour commencer à réaliser un bénéfice.

En outre, ces indicateurs sont particulièrement utilisés dans le cadre de *business plan*. En particulier, le point mort permet de savoir à partir de combien de jours, mois ou années une société qui se crée devrait être rentable. C'est une donnée primordiale pour tout investisseur.

Méthodes de calcul

a) Seuil de rentabilité

Le seuil de rentabilité se calcule comme suit :

Seuil de rentabilité = Charges fixes / [(CA – Charges variables) / CA]

Ou

Seuil de rentabilité = [Charges fixes / (CA – Charges variables)] x CA

b) Point mort

Le point mort se calcule comme suit :

Point mort = Seuil de rentabilité / (CA / 360 jours)

Ou

Point mort = (Seuil de rentabilité / CA) x 360 jours

Il s'exprime en nombre de jours.
Il peut aussi s'exprimer en nombre de mois selon la formule :

Point mort = (Seuil de rentabilité / CA) x 12 mois

La marge de sécurité et l'indice de sécurité

a) Marge de sécurité

La marge de sécurité se calcule comme suit :

Marge de sécurité = CA – Seuil de rentabilité

Il s'agit donc de la part de chiffre d'affaires permettant de dégager un bénéfice. On parle aussi de quote-part d'activité rentable.

b) Indice de sécurité

L'indice de sécurité est le rapport, en pourcentage, entre la marge de sécurité et le chiffre d'affaires.
Il se calcule comme suit :

Indice de sécurité = Marge de sécurité / CA

4 Exercices : calculs avec un et plusieurs types de marchandises

Premier exercice : vente d'un seul type de marchandises

a) Sujet

Les charges prévisionnelles de la société A, dont l'activité est la vente de marchandises, sont les suivantes :

Achat de marchandises	2 € / unité
Loyer	15 000 € / an
Salaires et charges sociales	50 000 € / an

Le prix de vente est de 2,50 € par unité. La société A espère vendre 250 000 unités l'année prochaine.

Calculez le seuil de rentabilité, le point mort, la marge de sécurité financière et l'indice de sécurité.

b) Proposition de corrigé : calcul du seuil de rentabilité

Pour mémoire, on a :

Seuil de rentabilité = Charges fixes / [(CA – Charges variables) / CA]

Soit en l'espèce :

CA prévisionnel	= 250 000 unités x 2,50 €	= 625 000 €
Charges variables prévisionnelles	= 250 000 unités x 2 €	= 500 000 €
CA – Charges variables	= 625 000 € – 500 000 €	= 125 000 €
(CA – Charges variables) / CA	= 125 000 € / 625 000 €	= 0,20 €
Charges fixes	= 15 000 € + 50 000 €	= 65 000 €
Seuil de rentabilité	= 65 000 € / 0,20 €	= 325 000 €

Ou encore :

Prix de vente prévisionnel unitaire – Charges variables prévisionnelles unitaires	= 2,50 € – 2 €	= 0,50 €
(CA – Charges variables) / CA	= 0,50 € / 2,50 €	= 0,20 €
Charges fixes	= 15 000 € + 50 000 €	= 65 000 €
Seuil de rentabilité	= 65 000 € / 0,20 €	= 325 000 €

Enfin, on aurait aussi pu le calculer comme suit :

Prix de vente prévisionnel unitaire – Charges variables prévisionnelles unitaires	= 2,50 € – 2 €	= 0,50 €
Charges fixes	= 15 000 € + 50 000 €	= 65 000 €
Charges fixes / (CA – Charges variables)	= 65 000 € / 0,50 €	= 130 000 €
Seuil de rentabilité	= 130 000 € x 2,50 €	= 325 000 €

Le seuil de rentabilité correspond à la vente de 325 000 € / 2,50 € par unité = 130 000 unités.

c) Proposition de corrigé : calcul du point mort

Pour mémoire, le point mort se calcule comme suit :

Point mort = Seuil de rentabilité / (CA / 360 jours)

Soit en l'espèce :

CA prévisionnel	= 250 000 unités x 2,50 €	= 625 000 €
CA / 360 jours	= 625 000 € / 360 jours	= 1 736 € / jour
Point mort	= 325 000 € / (1 736 € / jour)	= 187 jours

On aurait aussi pu le calculer comme suit :

CA prévisionnel	= 250 000 unités x 2,50 €	= 625 000 €
Seuil de rentabilité / CA	= 325 000 € / 625 000 €	= 0,52
Point mort	= 0,52 x 360 jours	= 187 jours

On en déduit que 187 jours après le début de l'exercice, soit après le 6 juillet, la société devrait commencer à dégager assez de chiffre d'affaires pour être rentable l'année considérée.

d) Proposition de corrigé : calcul de la marge de sécurité et de l'indice de sécurité

La marge de sécurité de la société est de 625 000 € – 325 000 € = 300 000 €, soit un indice de sécurité de 300 000 € / 625 000 € = 48 %.

■ *Deuxième exercice : vente de plus d'un type de marchandises*

a) Sujet

Les charges prévisionnelles de la société B, dont l'activité est la vente de marchandises, sont les suivantes :

Achat de marchandises	2 € / unité pour le produit X, 3 € / unité pour le produit Y
Loyer	15 000 € / an
Salaires et charges sociales	50 000 € / an

Le prix de vente est de 2,50 € par unité de produit X, 3,50 € par unité de produit Y. La société B espère vendre 150 000 unités X et 100 000 unités Y l'année prochaine.

Calculez le seuil de rentabilité, le point mort, la marge de sécurité financière et l'indice de sécurité.

b) Proposition de corrigé : calcul du seuil de rentabilité

Pour mémoire, on a toujours :

Seuil de rentabilité = Charges fixes / [(CA – Charges variables) / CA]

Soit en l'espèce :

CA prévisionnel	= 150 000 unités X x 2,50 € + 100 000 unités Y x 3,50 €	= 725 000 €
Charges variables prévisionnelles	= 150 000 unités X x 2 € + 100 000 unités Y x 3 € =	= 600 000 €
CA – Charges variables	= 725 000 € – 600 000 €	= 125 000 €
(CA – Charges variables) / CA	= 125 000 € / 725 000 €	= 0,17 €
Charges fixes	= 15 000 € + 50 000 €	= 65 000 €
Seuil de rentabilité	= 65 000 € / 0,17 €	= 377 000 €

On aurait aussi pu le calculer comme suit :

CA prévisionnel	= 150 000 unités X x 2,50 € + 100 000 unités Y x 3,50 €	= 725 000 €
Charges variables prévisionnelles	= 150 000 unités X x 2 € + 100 000 unités Y x 3 €	= 600 000 €
CA – Charges variables	= 725 000 € – 600 000 €	= 125 000 €
Charges fixes	= 15 000 € + 50 000 €	= 65 000 €
Charges fixes / (CA – Charges variables)	= 65 000 € / 125 000 €	= 0,52 €
Seuil de rentabilité	= 0,52 € x 725 000 €	= 377 000 €

Nous pouvons remarquer que le seuil de rentabilité de 377 000 € représente ici une moyenne, les produits X et Y n'ayant pas le même prix de vente.

c) Proposition de corrigé : calcul du point mort

Pour mémoire, le point mort se calcule comme suit :

Point mort = Seuil de rentabilité / (CA / 360 jours)

Soit en l'espèce :

CA prévisionnel	= 150 000 unités X x 2,50 € + 100 000 unités Y x 3,50 €	= 725 000 €
CA / 360 jours	= 725 000 € / 360 jours	= 2 014 € / jour
Point mort	= 377 000 € / 2 014 € / jour	= 187 jours

On aurait aussi pu le calculer comme suit :

CA prévisionnel	= 150 000 unités X x 2,50 € + 100 000 unités Y x 3,50 €	= 725 000 €
Seuil de rentabilité / CA	= 377 000 € / 725 000 €	= 0,52
Point mort	= 0,52 x 360 jours	= 187 jours

On en déduit que 187 jours après le début de l'exercice, soit après le 6 juillet, la société devrait commencer à dégager assez de chiffre d'affaires pour être rentable.

d) Proposition de corrigé : calcul de la marge de sécurité et de l'indice de sécurité

La marge de sécurité de la société est de 725 000 € – 377 000 € = 348 000 €, soit un indice de sécurité de 348 000 € / 725 000 € = 48 %.

e) Remarque complémentaire : représentation graphique

Lorsqu'il y a plusieurs produits, comme dans cet exemple, il peut être préférable de représenter sous forme de graphique le nombre de produits qu'il faut vendre pour atterrir à l'équilibre – et donc commencer à gérer un bénéfice. Ces représentations graphiques sont notamment utiles dans le cadre de l'élaboration d'un *business plan*.

On utilise alors une équation du type :

> Charges fixes = [(Marge unitaire s/ Produit X) x Nombre de produits X vendus]
> + [(Marge unitaire s/ Produit Y) x Nombre de produits Y vendus]

Soit en l'espèce : 65 000 € = 0,5 X + 0,5 Y

Avec X = nombre de produits X vendus et Y = nombre de produits Y vendus.

On obtient ainsi une courbe du type :

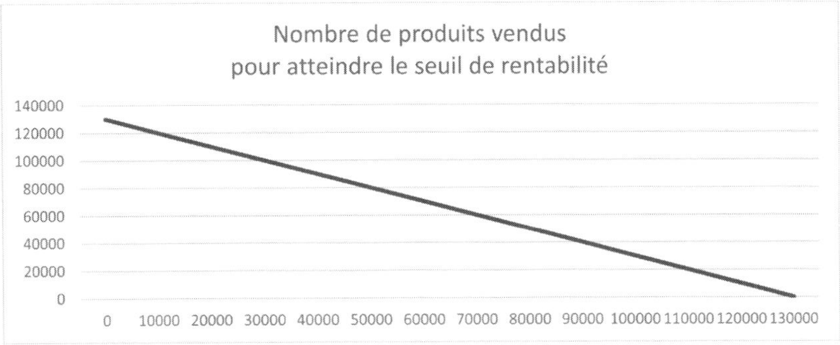

En abscisse se trouve le nombre de produits X vendus, en ordonnée le nombre de produits Y vendus.

On constate ainsi assez simplement que dans cet exemple, il faut vendre au moins 130 000 produits (par exemple : 130 000 X et 0 Y ou 100 000 X et 30 000 Y) pour atteindre le seuil de rentabilité.

Les autres documents comptables

PARTIE 3

L'annexe comptable et le rapport du commissaire aux comptes

Chapitre 7

L'annexe comptable et le rapport du commissaire aux comptes peuvent contenir des informations primordiales à l'analyse éclairée des comptes.

1 L'information comptable : une question de taille

■ *Définitions : micro et petites entreprises*

Lors de l'analyse des comptes d'une société, il est important de savoir sur quels documents appuyer son analyse et quels sont les documents qui doivent être produits par une entreprise.

Toutes les entreprises ne sont pas tenues d'établir une annexe, et celles qui ont l'obligation d'en établir une n'ont pas toutes les mêmes obligations en matière de présentation des comptes annuels.

Le Code de commerce distingue, au sens comptable – à ne pas confondre avec la notion de PME au sens communautaire qui est notamment utilisé en fiscalité :

- les ***micro-entreprises*** ;
- les ***petites entreprises*** ;
- les ***moyennes et grandes entreprises***.

Pour savoir dans quelle catégorie se trouve une entreprise, vous pouvez vous référer au tableau ci-après. La société est dans une des catégories si, lors du dernier exercice clos, au moins deux critères sur trois sont validés, sur une base annuelle :

	Total bilan	Chiffre d'affaires	Nombre de salariés
Micro-entreprise	≤ 350 000 €	≤ 700 000 €	≤ 10
Petite entreprise	≤ 4 000 000 €	≤ 8 000 000 €	≤ 50
Moyenne ou grande entreprise	≥ 4 000 000 €	≥ 8 000 000 €	≥ 50

Ainsi et par exemple :

– si une entreprise a un chiffre d'affaires de 3 000 000 €, 5 salariés et un total bilan de 1 200 000 €, il s'agit d'une petite entreprise au sens comptable ;

– si une entreprise a un chiffre d'affaires de 200 000 €, un total bilan de 150 000 € et 12 salariés, il s'agit d'une micro-entreprise au sens comptable.

■ *Les obligations des entreprises dépendent de leur taille*

Les micro-entreprises ne sont pas tenues d'établir une annexe comptable. Le franchissement ou non de deux des trois seuils de 350 000 € de total bilan, 700 000 € de chiffre d'affaires et 11 salariés n'a d'incidence que s'il se produit sur deux exercices successifs. Elles n'ont pas l'obligation de publier leurs comptes annuels. Vous ne pourrez donc les consulter sur des sites du type *infogreffe.fr* ou *societe.com* que si elles l'autorisent. Les informations les concernant sont donc moins faciles à obtenir.

Les petites entreprises ont également moins d'obligations. Elles peuvent présenter leur bilan et leur compte de résultat selon le modèle abrégé – ce modèle a été présenté dans le chapitre 4.

Les entreprises plus grandes doivent utiliser le système de base, avec un bilan, un compte de résultat et une annexe plus développés, et donc plus détaillés.

Peuvent également utiliser un modèle abrégé d'annexe comptable les entreprises qui bénéficient du régime simplifié d'imposition (régime fiscal) et qui ont donc un chiffre d'affaires inférieur à :

– 783 000 € pour une activité de vente ou de fourniture de logement ;

– 236 000 € pour une activité de prestation de services.

En ce qui concerne les informations prévisionnelles

Connaître les prévisions d'une entreprise peut être utile pour analyser sa situation financière.

Les sociétés qui dépassent 18 millions d'euros de chiffre d'affaires ou 300 salariés doivent établir les documents suivants :

– ***semestriellement*** :
  - compte de résultat prévisionnel,
  - plan de financement prévisionnel,
  - tableau de financement ;
– ***annuellement*** : situation de l'actif réalisable et disponible et du passif exigible.

Lorsque vous analysez les données financières d'une entreprise, pensez à étudier également en détail ces documents s'ils existent !

La cotation Banque de France

Les entreprises françaises peuvent obtenir une cotation Banque de France, à savoir une note indiquant leur solvabilité. Cette note est appelée « cote de crédit ».

En quelques mots :

– il s'agit d'une estimation de la capacité de l'entreprise concernée à honorer ses dettes à une échéance d'environ trois ans ;

– cette estimation est basée sur les comptes annuels des entreprises ;

– les notes vont normalement de 3++ à 9. Plus la note est élevée, plus c'est mauvais signe ;

– à titre d'exemple, une note de :
  - 3++ indique que « la capacité de l'entreprise à honorer ses engagements financiers est jugée excellente »,
  - 4 indique que « la capacité de l'entreprise à honorer ses engagements est jugée correcte »,
  - 9 indique que « la capacité de l'entreprise à honorer ses engagements financiers est jugée compromise » ;

– une note de 0 indique une absence d'informations, une note de P une procédure collective en cours. Les entreprises cotées P sont donc des entreprises en difficulté financière et qui peuvent être en état de cessation des paiements. L'état de cessation des paiements signifie que l'actif disponible ne permet pas de couvrir son passif exigible – cette notion sera davantage détaillée dans le chapitre 8.

La cotation Banque de France peut donc être un indicateur de la solvabilité estimée d'une entreprise.

La Banque de France propose également une « cote d'activité » qui se présente sous forme d'une lettre (de A à N et X pour les données non connues). Cette côte indique simplement la fourchette dans laquelle se trouve le volume d'activité – à savoir sauf cas particulier le chiffre d'affaires de la société. Elle est, par exemple, de A pour les entreprises ayant une activité de plus de 750 millions d'euros et de N pour celles ayant une activité jugée non significative.

2 L'annexe comptable

Présentation de l'annexe comptable

L'annexe comptable fait partie des comptes annuels. Il s'agit de textes ou de tableaux permettant d'apporter un complément d'informations sur les comptes annuels.

Contenu de l'annexe comptable

A minima, lorsqu'elle existe, l'annexe comptable comprend, lorsque les informations ci-après sont jugées significatives :

- les règles et des méthodes comptables ;
- les tableaux de variation des immobilisations et des amortissements ;
- les variations de provisions ;
- l'état des échéances des créances et des dettes à la clôture de l'exercice ;
- les engagements hors bilan :
  - contrat(s) de crédit-bail,
  - retraites et indemnités assimilées,
  - sûretés reçues et sûretés données,
  - effets de commerce escomptés non échus, cessions de créances Dailly, affacturage ;
- les autres opérations non inscrites au bilan : par exemple, les contrats de location de longue durée.

Aucun modèle n'est imposé, mais le PCG préconise des modèles de tableau. Par exemple, le règlement ANC 2015-06 prévoit que les méthodes comptables appliquées peuvent être exposées sous la forme d'un tableau tel que celui-ci, dans le cadre du modèle abrégé de l'annexe comptable :

Postes (a)		**Méthode d'évaluation ou de calcul (a)**
Coût d'entrée des immobilisations	• Incorporelles / Corporelles • Financières	Frais d'acquisition : ○ Charges ○ Immobilisations Frais d'acquisition : ○ Charges ○ Immobilisations
Amortissement des immobilisations corporelles		○ Amortissement linéaire ○ Amortissement dégressif fiscal ○ Autre (à préciser)
Évaluation des stocks		○ Coût Unitaire Moyen Pondéré (CUMP) ○ Premier Entrée, Premier Sorti (PEPS-FIFO)
Contrats à long terme et travaux en cours		○ Reconnaissance du chiffre d'affaires à l'avancement ○ Reconnaissance du chiffre d'affaires à l'achèvement
Engagements de retraite et indemnités assimilées		○ Provisions (Passif) ○ Information en annexe

(a) À développer si nécessaire ou à supprimer si non applicable.

Connaître ces informations permet de comprendre et de pouvoir analyser au mieux les comptes.

3 Le rapport du commissaire aux comptes (CAC)

■ *Présentation du rapport du commissaire aux comptes*

La nomination d'un CAC est obligatoire dans les SA et les SCA. Elle l'est également dans les autres structures sous conditions de seuils, par exemple :

- dans les SAS, lorsque deux des trois seuils suivants sont dépassés : 1 million d'euros de total bilan, 2 millions d'euros de chiffre d'affaires, 20 salariés en moyenne sur l'année ou lorsqu'elle contrôle ou est contrôlée par une autre structure ;
- dans les SARL, SNC et SCS, lorsque deux des trois seuils suivants sont dépassés : 1,55 million de total bilan, 3,1 millions de chiffre d'affaires et 50 salariés.

Le CAC a pour mission la certification des comptes. Il est garant de la fiabilité de l'information financière.

Dans son rapport sur les comptes annuels, il peut :

– ***attirer l'attention du lecteur sur une partie de l'annexe en particulier***. On parle alors d'observations ;
– ***émettre des réserves***. Dans ce cas-là, il doit en expliquer la cause et les données sur lesquelles portent ses réserves ;
– ***refuser de certifier des comptes***, lorsqu'il a détecté des anomalies significatives et que celles-ci n'ont pas été corrigées.

Lorsqu'il existe, il est donc également primordial de lire le rapport du CAC !

■ *Contenu des rapports du commissaire aux comptes*

Le commissaire aux comptes peut émettre plusieurs rapports, notamment :

– ***le rapport sur les comptes annuels***. S'il n'en émet qu'un, c'est celui-là ! Y sont annexés les comptes annuels, à savoir : le bilan, le compte de résultat et l'annexe comptable. Le deuxième paragraphe de ce rapport est relatif à la justification des appréciations. On y trouve donc les informations que le commissaire aux comptes souhaite mettre en avant dans son rapport ;
– ***le rapport spécial***. Dans ce rapport, sont consignées les conventions réglementées. Ces conventions sont définies par le Code de commerce. Il s'agit, sauf exceptions, des conventions conclues directement ou par personnes interposées entre la société et l'un de ses dirigeants ou associés/actionnaires disposant de plus de 10 % des droits de vote. Prendre connaissance de ces conventions peut permettre de situer le cadre de l'activité et de se demander : le résultat de l'exercice est-il minoré ou amélioré grâce à une convention réglementée ? Par exemple, le résultat de l'année est-il amélioré grâce à une location de murs en dessous des prix du marché ? Ou, *a contrario*, minoré par une redevance de marque reversée à une société du groupe ? Les conventions réglementées peuvent ainsi avoir un impact significatif sur les données financières d'une entreprise et donc sur l'analyse qui en découle. Il est donc primordial d'en prendre connaissance lorsque cela est possible ;
– ***les rapports liés à des opérations particulières***, sur le capital notamment.

4 Les documents juridiques établis par l'entreprise

Bien évidemment, les documents juridiques établis par l'entreprise peuvent apporter des informations complémentaires utiles à la lecture éclairée des comptes et donc à leur analyse.

C'est notamment le cas du rapport de gestion, qui peut notamment contenir des informations essentielles sur les thématiques suivantes :

- situation durant l'exercice écoulé ;
- évolution prévisible ;
- événements importants survenus entre la date de la clôture de l'exercice et la date à laquelle il est établi ;
- activités en matière de recherche et de développement.

Dans le cadre de l'analyse de l'activité d'une entreprise, il est donc important de prendre connaissance des documents juridiques établis par elle.

5 Test de synthèse corrigé

1. Quels sont les documents annexés au rapport sur les comptes annuels du commissaire aux comptes qui peuvent vous être utiles dans le cadre d'une analyse financière ?

2. Toutes les entreprises ont-elles l'obligation d'établir une annexe comptable ?

3. Une société à une cotation Banque de France de 0. Est-ce que cela est très mauvais signe ?

1. Sont annexés au rapport du commissaire aux comptes les comptes annuels, à savoir : le bilan, le compte de résultat et l'annexe. Tous ces documents peuvent vous être utiles dans le cadre d'une analyse financière.

2. Non, les micro-entreprises n'ont pas cette obligation.

3. Non, cela indique simplement une absence d'informations.

Le bilan financier et le bilan fonctionnel

Chapitre 8

Le bilan financier et le bilan fonctionnel ressemblent fortement au bilan comptable mais sont présentés différemment :
– le premier est présenté par échéance et sur la base des valeurs réelles (et non historiques) ;
– le deuxième est présenté par utilisation économique en quatre grandes masses : stables, exploitation, hors exploitation et trésorerie.

1 Le bilan financier

■ *Présentation du bilan financier*

Le bilan financier est un bilan en quelque sorte simplifié qui facilite l'analyse financière. Il se base sur une approche économique et permet notamment de mettre en avant :

- *les échéances* : comme le bilan comptable, le bilan financier est classé du moins au plus liquide. Les dettes sont par contre classées par échéance et non par nature : ainsi, les dettes auprès des banques (établissements de crédit) sont ventilées entre long et court terme alors que dans le bilan comptable elles sont isolées sur une ligne à part, qu'il s'agisse de concours bancaires (découverts) ou d'emprunts long terme ;
- *la réalité des actifs* : les actifs sont comptabilisés pour leurs valeurs nettes réelles. Sont ainsi corrigées toutes les non-valeurs (par exemple, les frais d'établissement). En cas de moins-value, les montants figurent sur le bilan financier pour leurs valeurs nettes des provisions à comptabiliser.

Présentation sous forme de tableau

Le bilan financier se présente comme suit :

Actif		Passif	
Actif à plus d'un an Immobilisations incorporelles Immobilisations corporelles Immobilisations financières Créances à plus d'un an		**Passif à plus d'un an** Capitaux propres Dettes à plus d'un an	
Actif à moins d'un an Stocks Créances clients Créances hors exploitation Disponibilités		**Passif à moins d'un an** Dettes fournisseurs, fiscales, sociales Dettes hors exploitation Dettes financières court terme	

On a ainsi, de façon simplifiée :

ACTIF	PASSIF
Actif à plus d'un an pour sa valeur réelle et non comptable (corrigé des non valeurs)	Passif à plus d'un an
Actif à moins d'un an corrigé (valeur réelle)	Passif à moins d'un an

↓ Du – au + facilement exigible / du – au + liquide

Sachant que :

Fonds de roulement financier = Passif à moins d'un an – Actif à moins d'un an corrigé

Retraitements et reclassements à effectuer

Les principaux retraitements à effectuer sont liés à la prise en compte de la valeur réelle des actifs :

– les non-valeurs sont donc à éliminer. C'est le cas des frais d'établissement et des actifs dont la valeur réelle, à savoir la valeur de marché, est nulle ;

– les actifs doivent être comptabilisés pour leur valeur réelle, à savoir leur valeur de marché ;
– le montant des plus et moins-values est donc à ajouter aux actifs et au montant des capitaux propres.

Ensuite, il y a lieu d'opérer de simples reclassements en fonction de la liquidité des créances et de l'exigibilité des dettes. Pour chaque poste, il y a donc lieu de se demander s'il s'agit d'un élément à plus ou moins d'un an.

■ *L'état de cessation des paiements*

Si l'actif disponible d'une entreprise ne permet pas de couvrir son passif exigible, on parle d'état de cessation des paiements.

À savoir si :

Actif disponible < Passif exigible

Avec :
– ***actif disponible*** = actif disponible immédiatement, à savoir disponibilités, valeurs mobilières, ouvertures de crédit non utilisées, etc. ;
– ***passif exigible*** = ensemble des dettes certaines (non litigieuses et non contestées) arrivées à échéance et dont les créanciers peuvent exiger immédiatement le paiement.

Le bilan financier permet d'analyser la liquidité de l'entreprise et de se poser la question d'un éventuel état de cessation des paiements.

L'état de cessation des paiements n'implique pas l'insolvabilité de l'entreprise, mais elle a des conséquences en matière de droit commercial. En effet, une société doit déclarer l'état de cessation des paiements dans les 45 jours au Tribunal de commerce, charge à ce dernier de prendre, le cas échéant, les mesures nécessaires (éventuelle ouverture d'une procédure collective notamment).

L'état de cessation des paiements doit donc immédiatement alerter parce que :
– il est signe de difficultés financières, qu'elles soient ponctuelles ou non ;
– il peut avoir des conséquences lourdes sur l'entreprise, allant jusqu'à la liquidation judiciaire, à savoir la fermeture de la société sur décision du juge. Il peut aussi y avoir mise en place d'un plan de cession, à savoir la vente de la société, souvent pour une valeur symbolique, mais accompagnée d'engagements d'honorer les dettes et/ou de maintenir les emplois.

2 Le bilan fonctionnel

Présentation du bilan fonctionnel

Le bilan fonctionnel ressemble sensiblement au bilan comptable et permet simplement de classer les postes du bilan en quatre grandes masses :

- ***emplois et ressources stables***, liés à l'investissement et au financement ;
- ***emplois et ressources circulants*** liés à l'exploitation et hors trésorerie ;
- ***emplois et ressources circulants*** hors exploitation et hors trésorerie ;
- ***trésorerie nette***.

Le passage du bilan comptable au bilan fonctionnel passe par certains reclassements, afin de privilégier la substance, et donc l'utilisation économique, sur la forme.

Présentation sous forme de tableau

Afin de mieux visualiser la manière dont se présente le bilan fonctionnel, nous vous proposons le tableau ci-après :

Emplois stables (immobilisations)	Ressources stables
Immobilisations incorporelles, corporelles et financières brutes (hors intérêts courus sur prêts) Écarts de conversions liés à des immobilisations financières Biens faisant l'objet d'un contrat de crédit-bail (valeur brute)	Capitaux propres (hors capital non appelé) Provisions et amortissements Dettes financières stables (hors intérêts courus, soldes créditeurs de banque et primes de remboursement des obligations) Engagement de crédit-bail Amortissement des biens faisant l'objet d'un contrat de crédit-bail

Actifs d'exploitation	Dettes d'exploitation
Stocks et en-cours Créances d'exploitation (clients, acomptes fournisseurs, ...) Charges constatées d'avance d'exploitation Écarts de conversion liés à des créances d'exploitation Effets escomptés non échus	Dettes fiscales et sociales (sauf IS) Autres dettes d'exploitation (fournisseurs, acomptes clients, etc.) Produits constatés d'avance d'exploitation Écarts de conversion liés à des dettes d'exploitation

Actifs hors exploitation	Dettes hors exploitation
Créances hors exploitation Capital souscrit appelé non versé Autres créances hors exploitation (intérêts courus sur prêts, créances d'IS, etc.) Charges constatées d'avance hors exploitation Écarts de conversion liés à des créances hors exploitation	Dettes sur immobilisations Dette liée à l'IS Autres dettes hors exploitation Produits constatés d'avance hors exploitation Écarts de conversion liés à des dettes hors exploitation

Actifs de trésorerie	Passifs de trésorerie
Disponibilités Valeurs mobilières de placement	Concours bancaires et soldes créditeurs de banque Effets escomptés non échus

■ *Reclassements à effectuer*

Comme le montre le tableau ci-avant, pour passer du bilan comptable au bilan fonctionnel, quelques retraitements sont à effectuer. Notamment :

- les dotations aux amortissements et provisions sur éléments d'actifs vont de l'actif au passif (ressources stables) ;
- les créances et dettes sont toutes ventilées entre exploitation et hors exploitation. L'IS est considéré comme hors exploitation ;
- les intérêts courus sur emprunts et soldes créditeurs de banque, qui figurent normalement au bilan avec les dettes financières, sont reclassés en passif de trésorerie ;
- les écarts de conversion, charges et produits constatés d'avances, sont ventilés entre les différents postes ;
- les opérations de crédit-bail doivent être retraitées. Le crédit-bail est un mode de financement qui consiste à verser chaque mois une redevance permettant à terme d'acquérir à terme un bien. En normes françaises, la redevance est comptabilisée en charges, dans un compte 612. Dans les comptes anglo-saxons et pour le bilan fonctionnel, l'opération s'analyse comme, d'une part, un emprunt et, d'autre part, l'acquisition de l'immobilisation, qui s'amortit.

  Ainsi, si une entreprise acquiert deux biens, un qu'elle finance par un contrat de crédit-bail et l'autre par un emprunt bancaire, bien que les deux opérations se comptabilisent différemment

en normes comptables françaises, elles s'analyseront de la même façon pour l'analyse fonctionnelle du bilan ;
– les effets escomptés non échus sont également retraités.

3 Exercice d'application

L'exercice ci-après est inspiré des annales 2006 du concours externe de contrôleur stagiaire du Trésor public.

■ *Sujet*

Vous disposez du bilan comptable simplifié de la SA Despalin au 31 décembre N. Il vous est demandé d'étudier quelques éléments de la structure financière de ce bilan.

Bilan de la SA Despalin au 31/12/N

ACTIF	Brut	Amortissements et provisions	Net	PASSIF	Montant
Actif immobilisé	3 900 000	1 200 000	2 700 000	Capitaux propres	1 870 000
Stocks	1 200 000	300 000	900 000	Provisions pour risques	250 000
Créances d'exploitation	1 350 000	250 000	1 100 000	Emprunts (1)	1 500 000
Créances diverses	450 000		450 000	Dettes d'exploitation	1 200 000
Charges constatées d'avance (2)	100 000		100 000	Dettes diverses	400 000
Disponibilités	20 000		20 000	Produits constatés d'avance (2)	50 000
TOTAL	**7 020 000**	**1 750 000**	**5 270 000**	**TOTAL**	**5 270 000**

(1) Dont concours bancaire courant : 400 000 €
(2) Concernent l'exploitation

1. Établissez le bilan fonctionnel de la SA Despalin.

Il vous est indiqué que :

– seul l'emprunt bancaire est à plus d'un an (remboursement *in fine* dans cinq ans), les autres dettes et créances sont à moins d'un an. La provision pour risque concerne un risque à moins d'un an (litige prud'homal) ;

– la valeur économique des immobilisations est de 2 900 000 € ;

– toutes les moins-values latentes ont été comptabilisées et il n'y a pas d'autres plus-values latentes.

2. Établissez son bilan financier.

■ *Proposition de corrigé*

1. Bilan fonctionnel

Emplois stables		**Ressources stables**	
Immobilisations	3 900 000	Capitaux propres Provisions R&C Amortissements et prov. Emprunts bancaires	1 870 000 250 000 1 750 000 1 100 000
Total emplois stables	**3 900 000**	**Total ressources stables**	**4 970 000**
Actifs d'exploitation		**Dettes d'exploitation**	
Stocks Créances d'exploitation Charges constatées d'avance	1 200 000 1 350 000 100 000	Dettes d'exploitation Produits constatés d'avance	1 200 000 50 000
Total actifs d'exploitation	**2 650 000**	**Total dettes d'exploitation**	**1 250 000**
Actifs hors exploitation		**Dettes hors exploitation**	
Créances diverses	450 000	Dettes diverses	400 000
Total actifs hors exploitation	**450 000**	**Total dettes hors exploitation**	**400 000**
Actifs de trésorerie		**Passifs de trésorerie**	
Disponibilités	20 000	Concours bancaires	400 000
Total actifs de trésorerie	**20 000**	**Total passifs de trésorerie**	**400 000**
Total actif	**7 020 000**	**Total passif**	**7 020 000**

2. Bilan financier

Actif		**Passif**	
Actif à plus d'un an		**Passif à plus d'un an**	
Immobilisations	2 900 000	Capitaux propres Dettes à plus d'un an	2 070 000 1 100 000
Actif à moins d'un an		**Passif à moins d'un an**	
Stocks	900 000	Provisions pour R & C	250 000
Créances d'exploitation	1 100 000	Dettes d'exploitation	1 200 000
Charges constatées d'avances	100 000	Produits constatés d'avance	50 000
Créances diverses	450 000	Dettes diverses	400 000
Disponibilités	20 000	Concours bancaires	400 000
Total actif	**5 470 000**	**Total passif**	**5 470 000**

FRNG, BFR et TR

Chapitre 9

Le fonds de roulement et le besoin en fonds de roulement sont des indicateurs financiers complémentaires permettant l'analyse de la variation de la trésorerie nette.

1 Le fonds de roulement

■ *Le fonds de roulement net global (FRNG)*

Le fonds de roulement net global correspond à l'***argent qu'une société a laissé dans l'entreprise pour financer les investissements ou les besoins de liquidité de l'entreprise***.

La formule de calcul est la suivante :

$$FRNG = BFR + TN$$

Avec :

- BFR : besoin en fonds de roulement, qui correspond aux besoins de liquidités nécessaires à l'activité de l'entreprise (paiement des fournisseurs, des salaires et charges sociales, etc.) ;
- TN : trésorerie nette.

En toute logique, le FRNG doit être supérieur au BFR puisqu'il a pour objectif de couvrir ce besoin.

Le FRNG se calcule, à partir du bilan fonctionnel, comme suit :

FRNG = Ressources stables – Emplois stables

À savoir :

Emplois stables (immobilisations)	Ressources stables
Immobilisations incorporelles, corporelles et financières brutes (hors intérêts courus sur prêts) Écarts de conversion liés à des immobilisations financières Biens faisant l'objet d'un contrat de crédit-bail (valeur brute)	Capitaux propres Provisions et amortissements Dettes financières stables (hors intérêts courus, soldes créditeurs de banque et primes de remboursement des obligations) Engagement de crédit-bail Amortissement des biens faisant l'objet d'un contrat de crédit-bail
Différence entre ressources stables et emplois stables = FRNG	

Un fonds de roulement négatif implique un déséquilibre financier qui traduit un risque d'insolvabilité.

■ *Le ratio de fonds de roulement*

Le ratio de fonds de roulement (ou ratio de liquidité générale) se calcule selon la formule suivante :

Ratio de fonds de roulement = Actifs à court terme / Passifs à court terme

Il doit normalement être supérieur à 1. Dans le cas contraire, cela implique que l'actif à court terme ne suffit pas à couvrir le passif à court terme.

2 Le BFR et le BFRE

Le BFR

Comme nous l'avons vu, le BFR représente les besoins de l'entreprise pour poursuivre son activité. Ce besoin s'explique par le décalage de trésorerie entre les encaissements et les décaissements : une entreprise va en effet normalement devoir payer ses fournisseurs, ses salariés et les cotisations sociales avant de percevoir le chiffre d'affaires lié.

Il se calcule par la formule suivante :

> BFR = Actif circulant – Passif circulant [hors trésorerie]

L'actif circulant se compose généralement principalement des stocks et créances clients, le passif à court terme des dettes fournisseurs, fiscales et sociales.

Le BFRE

Souvent, le BFR est décomposé en deux volets : BFR d'exploitation – prenant en compte les actifs et passifs d'exploitation – et BFR hors exploitation. Le ratio le plus parlant est bien évidemment le BFR d'exploitation qui correspond à l'activité « normale » de l'entreprise.

Ces deux ratios se calculent, toujours à partir du bilan fonctionnel, comme suit :

Actifs d'exploitation	**Dettes d'exploitation**
Stocks et en-cours Créances d'exploitation (clients, acomptes fournisseurs, etc.) Charges constatées d'avance d'exploitation Écarts de conversion liés à des créances d'exploitation Effets escomptés non échus	Dettes fiscales et sociales (sauf IS) Autres dettes d'exploitation (fournisseurs, acomptes clients, ...) Produits constatés d'avance d'exploitation Écarts de conversion liés à des dettes d'exploitation
Différence entre actifs et dettes d'exploitation = BFRE	

Actifs hors exploitation	Dettes hors exploitation
Créances hors exploitation Capital souscrit appelé non versé Autres créances hors exploitation (intérêts courus sur prêts, créances d'IS, etc.) Charges constatées d'avance hors exploitation Écarts de conversion liés à des créances hors exploitation	Dettes sur immobilisations Dette liée à l'IS Autres dettes hors exploitation Produits constatés d'avance hors exploitation Écarts de conversion liés à des dettes hors exploitation
Différence entre actifs et dettes hors exploitation = BFR hors exploitation	

Il est également pertinent de calculer le BFRE en jours de CA selon la formule suivante :

BFRE en jours de CA = (BFRE / CA HT) x 360

En effet, ce ratio doit théoriquement être relativement stable au cours du temps : sauf cas particulier, tel que le développement d'une nouvelle activité, le BFRE doit évoluer parallèlement au CA. On considère généralement qu'un BFRE en jours de CA inférieur ou proche de 60 jours (2 mois) est raisonnable, et ce sauf domaine d'activité particulier. En effet, depuis la loi LME, les factures adressées aux clients professionnels d'une entreprise doivent être réglées à 30 jours ou, sur accord, à 45 jours fin de mois (sans dépasser les 60 jours).

Si ce ratio évolue fortement au cours du temps ou dépasse 60 jours, cela n'implique pas forcément des problèmes de trésorerie mais invite simplement à se poser d'autres questions, notamment sur le cycle de production et de vente : quel est le délai de stockage ? La société rencontre-t-elle des difficultés particulières avec certains de ses clients ?

■ *Le BFR normatif*

a) Définition du BFR normatif et mode de calcul

On parle quelques fois de BFR normatif. Bien que cette notion soit moins utilisée que celles du BFR et du BFRE, il est important la comprendre et de savoir comment la calculer. Le BFR normatif est une moyenne, souvent calculée en jours de chiffre d'affaires, et représentant les besoins structurels d'une entreprise pour poursuivre son activité courante. Contrairement au BFR qui se calcule à partir du bilan, à un instant T, le BFR normatif se calcule à partir de l'analyse des délais moyens de règlement.

Pour calculer le BFR normatif, il suffit de décomposer les flux de trésorerie en différentes étapes :
- règlement des achats ;
- règlement des salaires ;
- règlement des charges sociales ;
- encaissement clients ;
- etc.

Pour chacune de ces étapes, il faut :
- calculer le délai moyen de règlement ;
- calculer le coefficient de pondération, à savoir calculer le ratio entre le montant du décaissement ou de l'encaissement et le CA HT ;
- multiplier le délai moyen a) par le coefficient de pondération b) ainsi calculé ;
- ventiler les délais moyens c) entre :
  - emplois : stocks, créances clients, créances fiscales (TVA),
  - ressources : dettes fournisseurs, sociales, fiscales (TVA),
  - calculer la différence entre les délais moyens des emplois et ceux des ressources, cette différence constituant le BFR normatif.

b) Exercice d'application

1) Sujet

Une entreprise de 1 M€ de chiffre d'affaires a un délai moyen de règlement clients de 40 jours. Il s'agit d'une entreprise ayant une activité commerciale (achats/ventes). Le délai de rotation des stocks est de 15 jours en moyenne et le coût d'achat des marchandises vendues de 450 K€. Les fournisseurs sont réglés à 30 jours. Les salaires sont de l'ordre de 250 K€ par an brut, soit un net de 200 K€. La société ne pratiquant pas le décalage de paie, ils sont versés à la fin de chaque mois. Les charges sociales sont de l'ordre de 50 % de la masse salariale, et sont versées trimestriellement, le 15 du mois suivant la fin du trimestre. La TVA est calculée à 20 % et est due mensuellement (le 19). Elle est déclarée sur les débits (lors de la facturation).

Calculez le BFR normatif. Rappelez les formules de calcul des délais de règlement clients et fournisseurs et du délai de rotation des stocks indiqués dans l'énoncé.

2) Proposition de corrigé

On a :

	Nombre de jours (moyenne)	Coefficient de pondération	
		Calcul	Montant
Clients	40 jours (1)	Chiffre d'affaires TTC / CA HT = 1 M€ x 1,20 / 1 M€	1,20
Stocks	15 jours (2)	Coût d'achat des marchandises vendues / CA HT = 450 K€ / 1 M€	0,45
Fournisseurs	30 jours (3)	Coût d'achat TTC / CA HT = 450 K€ x 1,20 / 1 M€	0,54
Salaires	15 jours (4)	Salaires net / CA HT = 200 K€ / 1 M€	0,20
Charges sociales	60 jours (5)	Charges sociales (salariales et patronales) / CA HT = [(250 K€ – 200 K€) + 250 K€ x 50 %] / 1 M€	0,18
TVA collectée	34 jours (6)	TVA collectée / CA HT = 1 M€ x 20 % / 1 M€	0,20
TVA déductible	34 jours (6)	TVA déductible / CA HT = 450 K€ x 20 % / 1 M€	0,09

Les formules (1) (2) (3) sont explicitées dans la première partie, sur les principaux postes du bilan comptable.

(1) Délai moyen de crédit clients = (Créances clients [et comptes rattachés] HT / CA HT) x 360

Ou Délai moyen de crédit clients = (Créances clients [et comptes rattachés] TTC / CA TTC) x 360

(2) Délai de rotation des stocks = (Montant du stock / CAMV) x 360

(3) Délai moyen de règlement fournisseurs = (Dettes fournisseurs [et comptes rattachés] HT / Achats HT) x 360

Ou Délai moyen de règlement fournisseurs = (Dettes fournisseurs [et comptes rattachés] TTC / Achats TTC) x 360

(4) Les salaires étant réglés en fin de mois, ils sont en moyenne réglés à 30 jours / 2 = 15 jours.

(5) Considérant qu'un trimestre comporte en moyenne 90 jours, les charges sociales sont en moyenne réglées à : [(0 + 90 jours) /2] + 15 jours entre la fin du trimestre et la date de règlement des cotisations sociales = 45 + 15 = 60 jours.

(6) Ce délai moyen se calcule comme suit : [(0 + 30 jours) /2] + 19 jours entre la fin du mois et la date de règlement de la TVA = 15 + 19 = 34 jours.

De ces premiers calculs, on déduit les calculs suivants :

	Nombre de jours	Coefficient de pondération	Nombre de jours pondérés		
			Calcul	Montant des emplois	Montant des ressources
Clients	40 jours	1,20	40 x 1,20	48,00	
Stocks	15 jours	0,45	15 x 0,45	6,75	
Fournisseurs	30 jours	0,54	30 x 0,54		16,20
Salaires	15 jours	0,20	15 x 0,20		3,00
Charges sociales	60 jours	0,18	60 x 0,18		10,80
TVA collectée	34 jours	0,20	34 x 0,20		6,80
TVA déductible	34 jours	0,09	34 x 0,09	3,06	
TOTAUX				**57,81**	**36,80**
BFR NORMATIF				**21,01 jours**	

Dans cet exemple, le BFR normatif est donc de 21,01 jours de chiffre d'affaires.

Cela implique que la société a besoin, structurellement et *a minima*, de disposer de l'équivalent de 21 jours de chiffre d'affaires de trésorerie « d'avance » pour financer son exploitation.

3 La trésorerie nette

■ *Calcul de la trésorerie nette*

Comme son nom le laisse supposer, la trésorerie nette se calcule comme suit :

TN = Trésorerie présente à l'actif (disponibilités et valeurs mobilières de placement)
– Trésorerie présente au passif (concours bancaires courants et effets escomptés non échus)

Soit, à partir du bilan fonctionnel :

Actifs de trésorerie	Passifs de trésorerie
Disponibilités Valeurs mobilières de placement	Concours bancaires et soldes créditeurs de banque Effets escomptés non échus
Différence entre actifs et passifs de trésorerie = TN	

La trésorerie nette peut également se calculer comme suit :

TN = FRNG – BFR

Elle est un indicateur de la santé financière immédiate de l'entreprise et est souvent l'une des données les plus parlantes pour les entrepreneurs : de combien la société dispose-t-elle « en cash » ?

■ *L'analyse de la trésorerie nette*

Sa variation, et surtout l'analyse de sa variation, est un des éléments clefs de l'analyse financière – nous l'étudierons plus en détail avec le tableau de flux de trésorerie dans le Chapitre 10.

Ce tableau permet en effet de comprendre pourquoi la trésorerie nette a évolué et de répondre à des questions du type : la société a-t-elle connu un exercice particulièrement bon ou mauvais ? Les délais de règlements clients et fournisseurs se sont-ils allongés ou raccourcis ?

En outre, il est intéressant de mettre en parallèle le montant de la trésorerie nette et celui du BFRE : cela permet notamment de comprendre si la trésorerie de l'entreprise a varié à cause d'éléments liés à l'exploitation. Sa variation peut en effet aussi être liée à des éléments exceptionnels (BFR hors exploitation) et/ou à la politique de financement de l'entreprise (FRNG).

4 Exercice d'application

L'exercice ci-après est issu des annales du Baccalauréat STG de 2011, spécialité comptabilité et finance d'entreprise.

Sujet

« L'entreprise Paléco a été créée en 1990 par Monsieur Gambet. Cette SARL implantée à Chartres, en Eure-et-Loir, a deux activités : la fabrication de caisses et de palettes de transport destinées à une clientèle industrielle et la fabrication de poutres, de planches et de charpentes pour les artisans locaux et des particuliers. »

L'entreprise Paléco qui a terminé son dernier exercice comptable le 31 décembre N, vous communique le bilan fonctionnel établi à partir du bilan comptable après l'ensemble des travaux d'inventaire.

Actifs stables :		96 728	**Ressources stables :**		151 588
Immobilisations	96 728		Capital	100 000	
			Réserves	7 000	
			Amortissements, dépréciations et provisions	9 588	
			Emprunts et dettes financières	35 000	
Actifs circulants d'exploitation :		134 642	**Passifs circulants d'exploitation :**		62 030
Stocks produits finis	38 068		Dettes fournisseurs et comptes rattachés	49 785	
Créances clients et comptes rattachés	96 574		Dettes fiscales et sociales	12 245	
Actifs circulants hors exploitation :		525	**Passifs circulants hors exploitation :**		1 275
Créances diverses	525		Dettes diverses	1 275	
Trésorerie d'actif		7 518	**Trésorerie de passif**		24 520
Valeurs mobilières de placement	5 753		Concours bancaires	17 346	
Disponibilités	1 765		Soldes créditeurs de banque	7 174	
Total		239 413	**Total**		239 413

Calculez le FRNG, le BFR décomposé en exploitation et hors exploitation ainsi que la trésorerie nette pour l'exercice N. Commentez.

■ *Proposition de corrigé*

FRNG = Ressources stables – Emplois stables
= 151 588 – 96 728
= 54 860

BFRE = Actifs circulants d'exploitation – Passifs circulants d'exploitation
= 134 642 – 62 030
= 72 612

BFR hors exploitation = Actifs circulants hors exploitation – Passifs circulants hors exploitation
= 525 – 1 275
= -750

BFR = 72 612 – 750 = 71 862

TN = Trésorerie d'actif – Trésorerie de passif = 7 518 – 24 520 = -17 002

Afin de s'autocontrôler, on vérifie bien que l'on a :

FRNG = BFR + TN

Soit en l'espèce : 54 860 = 71 862 – 17 002 → c'est bien le cas.

À la lecture de ces ratios, nous constatons que :

- la trésorerie nette est fortement négative ;
- cela s'explique par un BFR d'exploitation supérieur au FRNG. Plus précisément, les créances clients représentent plus de 40 % du bilan, les stocks presque 16 % ;
- le FRNG est positif, ce qui indique un équilibre financier : les actifs stables sont financés par les ressources stables. Si l'on calcule le taux d'endettement (rapport entre les dettes à moyen et long terme et les capitaux permanents), on constate qu'il est largement inférieur à 1, ce qui est bon signe.

En conclusion, la société doit tout faire pour réduire son BFR d'exploitation afin de retrouver une trésorerie saine. Cela pourrait être le cas en relançant davantage les clients pour diminuer le délai de règlement ou en maîtrisant mieux les stocks par exemple.

Chapitre 10

L'analyse de la variation de trésorerie

L'analyse de la variation de trésorerie peut se faire au travers de plusieurs tableaux : celui de flux et celui de financement.
Elle peut également s'appuyer sur l'excédent de trésorerie d'exploitation (ETE).

1 Le tableau de flux de trésorerie

■ *Présentation des tableaux de flux de trésorerie*

Tout d'abord, il semble important de préciser que le tableau de flux de trésorerie n'est pas obligatoire dans les comptes sociaux des entreprises en normes françaises. Il n'est en effet obligatoire que dans le cadre de comptes consolidés ou de comptes IFRS.

Il est pourtant régulièrement établi dans le cadre d'analyses financières de comptes sociaux individuels.

Le tableau de flux de trésorerie vise à analyser la variation de la trésorerie en distinguant les opérations liées à l'activité de l'entreprise, celles liées aux opérations d'investissement et celles liées aux opérations de financement. L'explication de la variation de trésorerie permet d'analyser les décisions de l'entreprise et les causes de sa situation financière.

Plusieurs modèles coexistent, notamment :

– ***ceux de l'Ordre des experts-comptables*** qui sont les plus répandus en France et sont repris dans le règlement CRC 99-02 en ce qui concerne les comptes consolidés ;
– ***celui d'IAS 7***, obligatoire en normes IFRS.

Il est important de savoir que certaines différences existent entre ces modèles, par exemple dans le traitement des intérêts et des dividendes.

Dans les deux tableaux proposés par le règlement CRC 99-02, relatifs aux comptes consolidés, on a :

<table>
<tr><td>Flux de trésorerie généré par l'activité</td><td rowspan="3">=</td><td rowspan="3">Variation de la trésorerie (Trésorerie à la clôture – Trésorerie à l'ouverture) +/– Incidence des variations de cours des devises</td></tr>
<tr><td>Flux de trésorerie lié aux opérations d'investissement</td></tr>
<tr><td>Flux net de trésorerie lié aux opérations de financement</td></tr>
</table>

L'indicateur le plus important est le flux de trésorerie généré par l'activité. C'est en effet lui qui permet notamment d'investir et de verser des dividendes, de rembourser des emprunts ; donc qui permet aux deux autres flux de trésorerie d'exister.

Le plus intéressant est d'analyser le tableau de flux de trésorerie sur plusieurs exercices – souvent trois. En effet, cela permet de dégager une tendance sur l'organisation de l'entreprise et la politique des dirigeants : quels sont leurs choix stratégiques ? Quelle est la capacité de l'entreprise à générer de la trésorerie par son activité ? Est-elle facilement solvable ou, a contrario, très dépendante des flux d'autres structures ?

Les tableaux en eux-mêmes

Les tableaux sont issus du règlement CRC 99-02.

a) Modèle établi à partir du résultat net

Le premier tableau part du résultat net :

Modèle de tableau de flux de trésorerie établi à partir du résultat net des entreprises intégrées

Flux de trésorerie liés à l'activité		
Résultat net des sociétés intégrées	X	
Élimination des charges et produits sans incidence sur la trésorerie ou non liés à l'activité :		
– Amortissements et provisions (1)	X	
– Variation des impôts différés	X	
– Plus-values de cession, nettes d'impôt	X	
Marge brute d'autofinancement	X	
Dividendes reçus des sociétés mises en équivalence	X	
Variation du besoin en fonds de roulement lié à l'activité (2)	X	
Flux de trésorerie généré par l'activité		X
Flux de trésorerie liés aux opérations d'investissement		
Acquisition d'immobilisations	X	
Cessions d'immobilisations, nettes d'impôt	X	
Incidence des variations de périmètre (3)	X	
Flux net de trésorerie lié aux opérations d'investissement		X
Flux de trésorerie liés aux opérations de financement		
Dividendes versés aux actionnaires de la société mère	X	
Dividendes versés aux minoritaires des sociétés intégrées	X	
Augmentation de capital en numéraire	X	
Émissions d'emprunts	X	
Remboursements d'emprunts	X	
Flux net de trésorerie lié aux opérations de financement		X
Variation de trésorerie		X
Trésorerie d'ouverture	*X*	
Trésorerie de clôture	*X*	
Incidence des variations de cours des devises	*X*	

(1) À l'exclusion des provisions sur actif circulant.
(2) À détailler par grandes rubriques (stocks, créances d'exploitation, dettes d'exploitation).
(3) Prix d'achat ou de vente augmenté ou diminué de la trésorerie acquise ou versée – à détailler dans une note annexe.

Comme nous pouvons le remarquer, ce tableau met en avant la marge brute d'autofinancement (MBA) qui est très proche du calcul de la CAF. Les différences résident – en normes françaises – au niveau des provisions sur actifs circulants, subventions d'investissements virées au compte de résultat et impôts sur les plus-values de cession.

Nous sommes, en effet, dans le cadre de comptes sociaux en normes françaises qui, à la différence des comptes consolidés et comptes IFRS, ne prennent pas en compte les impôts différés :

Résultat net comptable
+ Amortissements et provisions
– Provisions sur actif circulant
– Plus-values de cession*, nettes d'impôt
= MBA

* Les plus-values de cession sont égales aux PCEAC – Produits de cession des éléments d'actifs / comptes 775, minorés de la VCEAC – Valeur comptable des éléments d'actifs cédés) / comptes 675.

Sachant que, pour mémoire :

Résultat net de l'exercice
+ **Charges non décaissables** *(Dotations et VCEAC – Valeur comptable des éléments d'actif cédés / Comptes 68 et 675)*
– **Produits non encaissables** *(Reprises sur amortissements et provisions et quote-part de subventions d'investissements virées au compte de résultat / comptes 78 et 777)*
– **PCEAC** *(Produits des éléments d'actifs cédés / comptes 775)*
= CAF

b) Modèle établi à partir du résultat d'exploitation

Le deuxième tableau part du résultat d'exploitation.

Modèle de tableau de flux de trésorerie établi à partir du résultat d'exploitation des entreprises intégrées

Flux de trésorerie liés à l'activité		
Résultat d'exploitation des sociétés intégrées	X	
Élimination des charges et produits sans incidence sur la trésorerie :		
– Amortissements et provisions (1)	X	
Résultat brut d'exploitation	X	
Variation du besoin en fonds de roulement d'exploitation (2)	X	
Flux de trésorerie d'exploitation	X	
Autres encaissements et décaissements liés à l'activité :		
– Frais financiers	X	
– Produits financiers	X	
– Dividendes reçus des sociétés mises en équivalence	X	
– Impôt sur les sociétés, hors impôt sur les plus-values de cession	X	
– Charges et produits exceptionnels liés à l'activité	X	
– Autres	X	
Flux net de trésorerie généré par l'activité		X
Flux de trésorerie liés aux opérations d'investissement		
Acquisition d'immobilisations	X	
Cessions d'immobilisations, nettes d'impôt	X	
Incidence des variations de périmètre (3)	X	
Flux net de trésorerie lié aux opérations d'investissement		X
Flux de trésorerie liés aux opérations de financement		
Dividendes versés aux actionnaires de la société mère	X	
Dividendes versés aux minoritaires des sociétés intégrées	X	
Augmentation de capital en numéraire	X	
Émissions d'emprunts	X	
Remboursements d'emprunts	X	
Flux net de trésorerie lié aux opérations de financement		X
Variation de trésorerie		X
Trésorerie d'ouverture	*X*	
Trésorerie de clôture	*X*	
Incidence des variations de cours des devises	*X*	

(1) À l'exclusion des provisions sur actif circulant.
(2) À détailler par grandes rubriques (stocks, créances d'exploitation, dettes d'exploitation).
(3) Prix d'achat ou de vente augmenté ou diminué de la trésorerie acquise ou versée – à détailler dans une note annexe.

Comme nous pouvons le constater, certains retraitements de ces deux tableaux sont propres aux comptes consolidés. Ils peuvent toutefois tout à fait être adaptés aux comptes sociaux individuels.

■ *Exercice d'application corrigé*

a) Sujet

Les données ci-après sont celles issues des comptes consolidés et publiés d'un célèbre groupe automobile et sont exprimées en millions d'euros. Elles ne concernent que les activés industrielles et commerciales du groupe :

	2015	**2014**	**2013**
Résultat net des activités poursuivies	955	(654)	(2 446)
Marge brute d'autofinancement	4 490	2 038	804
Variation du BFR	942	1 690	440
Flux liés à l'exploitation des activités poursuivies	**5 432**	**3 728**	**1 244**
Flux liés aux investissements des activités poursuivies	**(2 692)**	**(2 259)**	**(2 474)**
Flux des opérations financières des activités poursuivies	**(644)**	**703**	**2 058**
Flux liés aux actifs et passifs transférés des activités destinées à être reprises en partenariat	42	47	(72)
Mouvements de conversion	(112)	47	(91)
Variation de la trésorerie des activités poursuivies et destinées à être reprises en partenariat	2 026	2 266	665
Trésorerie nette d'ouverture	8 427	6 161	5 496
Trésorerie nette de clôture	10 453	8 427	6 161

1. Quels sont les différents flux présentés dans le tableau ?

2. Quel est le lien entre la variation de la trésorerie et le total des flux ? Illustrez d'un exemple (calcul sur une année).

3. Présentez une analyse sommaire des données figurant dans le tableau de flux de la société.

b) Proposition de corrigé

1. Le tableau se présente sensiblement différemment de celui du modèle du règlement CRC 99-02 mais nous y retrouvons les principales informations :

- les trois flux de trésorerie du modèle du modèle de règlement CRC 99-02 : activité, investissement et financier ;
- le groupe concerné a souhaité, en plus des trois flux de trésorerie précédemment étudiés, isoler les flux liés aux actifs et passifs transférés des activités destinées à être reprises en partenariat.

2. On a : Total des flux = Variation de la trésorerie +/- Incidence des variations de cours des devises. Par exemple, en 2015 :

Total des flux = 5 432 – 2 692 – 644 + 42 = 2 138

Variation de la trésorerie +/- Incidence des variations de cours des devises = 10 453 – 8 427 + 112 = 2 138

3. Le résultat net des activités est en augmentation. Il est positif en 2015 alors qu'il était négatif en 2014 et 2013.

La marge brute d'autofinancement est en augmentation : elle a plus que doublé entre 2014 et 2015. Il s'agit d'un indicateur de la capacité du groupe à autofinancer ses investissements. Son évolution est donc un gage de bonne santé financière. Ce ratio étant élevé, les activités sont donc *a priori* rentables.

La variation du BFR est positive les trois années. Elle l'est de 942 millions d'euros en 2015. Cela implique que le BFR s'est amélioré. Il serait intéressant d'analyser pourquoi. Est-ce grâce à une meilleure des stocks – qui permet donc d'améliorer la trésorerie – ou grâce à une augmentation des délais de règlement fournisseurs – ce qui ne constitue pas forcément un signe de santé financière ? Les clients ont-ils mieux réglé ? L'utilisation de ratios étudiés précédemment dans cet ouvrage pourrait être utile pour poursuivre l'analyse.

Les flux liés à l'exploitation sont également en augmentation (+46 %). C'est encore une fois un signe de santé financière. Cela implique en effet que la capacité du groupe à s'auto-suffire est en augmentation.

Nous constatons une part importance des flux liés aux investissements (*a minima* -50 % des flux liés à l'activité). Sur trois ans, cela indique une réelle stratégie de groupe ou d'entreprise à investir.

Les flux des opérations financières sont très variables d'une année sur l'autre. Cela est cohérent avec la variation des flux liés à l'exploitation : l'année 2013 semble avoir, par exemple, été particulièrement difficile pour ce groupe.

2 L'excédent de trésorerie d'exploitation (ETE)

Présentation de l'excédent brut d'exploitation

L'ETE (excédent de trésorerie d'exploitation) permet de calculer la variation de trésorerie liée uniquement à l'activité. Il s'agit d'un indicateur important puisqu'il traduit la capacité de l'entreprise à générer des liquidités *via* l'exploitation de son activité uniquement.

Plus que le chiffre en lui-même, il va être intéressant :

- d'analyser son évolution au cours du temps afin d'analyser si l'activité de l'entreprise se détériore ou s'améliore ;
- de calculer son pourcentage par rapport au chiffre d'affaires.

Cet indicateur est calculé exactement dans le même esprit que le total des flux de trésorerie lié à l'activité issu du tableau de flux.

L'ETE ne prend en compte ni la variation de stock ni la politique de dotations aux amortissements des investissements, et ce contrairement au total des flux de trésorerie liés à l'activité.

Modes de calcul

Il existe deux modes de calcul : à partir de l'EBE ou directement à partir des comptes de charges et de produits.

a) Méthode indirecte

On a l'égalité suivante :

$$ETE = EBE - \Delta BFRE$$

À savoir : l'excédent de trésorerie d'exploitation est égal à l'excédent brut d'exploitation minoré de la variation du besoin en fonds de roulement d'exploitation.

b) Méthode directe

Il est également possible de calculer l'ETE à partir du compte de résultat directement.

On a en effet l'égalité suivante :

> Produits d'exploitation encaissables
> – Variation des créances d'exploitation
> – Charges d'exploitation décaissables
> + Variation des dettes d'exploitation
> = EBE

Avec :
- Produits d'exploitation décaissables = comptes 70 à 74 inclus (sauf comptes 71) ;
- Charges d'exploitation décaissables = comptes 60 (sauf comptes 603 – variation des stocks) à 65 inclus.

Exercice d'application corrigé

a) Sujet

Ci-après les données issues des comptes annuels d'une société :

Données issues du bilan	Année N	Année N-1
Stocks	649 000	624 000
Créances d'exploitation (brutes)	985 000	641 000
Dettes d'exploitation brutes	825 000	788 000

Données issues du compte de résultat	Année N	Année N-1
Produits		
Ventes	6 543 000	5 894 000
Production stockée	57 000	-53 000
Charges		
Consommation en provenance de tiers	2 120 000	1 825 000
Impôts, taxes et versements assimilés	212 000	191 000
Charges de personnel	957 000	862 000

1. Calculez l'EBE N et N-1.
2. Calculez la variation du BFR.
3. Calculez l'ETE de deux manières différentes.

Pour mémoire, il est précisé que Variation des stocks = Production stockée (comptes 71) – Variation de stocks de matières premières et marchandises (comptes 603).

b) Proposition de corrigé

1. EBE de l'année N = 6 543 000 + 57 000 – 2 120 000 – 212 000 – 957 000 = 3 311 000

EBE de l'année N-1 = 5 894 000 – 53 000 – 1 825 000 – 191 000 – 862 000 = 2 963 000

Données issues du compte de résultat	Année N	Année N-1
EBE	3 311 000	2 963 000

2. On a :

Variation des stocks	= 649 000 – 624 000	= 25 000
Variation des créances d'exploitation	= 985 000 – 641 000	= 344 000
Variation des dettes d'exploitation	= 825 000 – 788 000	= 37 000

Et en conséquence :

ΔBFRE = 25 000 + 344 000 – 37 000 = 332 000

3. L'ETE peut se calculer, comme nous l'avons vu, selon la formule suivante : ETE = EBE – ΔBFRE

À savoir en l'espèce : ETE = 3 311 000 – 332 000 = 2 979 000

Il peut aussi se calculer de la façon suivante :

Produits d'exploitation encaissables
– Variation des créances d'exploitation
– Charges d'exploitation décaissables
+ Variation des dettes d'exploitation
= ETE

En l'espèce, on a :
- Produits d'exploitation encaissables = 6 543 000 ;
- Variation des créances d'exploitation = 344 000 ;
- Variation des dettes d'exploitation = 37 000.

Dans le cas présent, nous n'avons pas le détail de la consommation en provenance des tiers. Nous savons simplement que :
- ce montant inclus la variation de stocks ;
- la variation de stocks se traduit dans les comptes 71 et 603.
  En effet : Variation de stocks = Comptes 71 – Comptes 603.

On a donc : Comptes 603 = Comptes 71 – Variation de stocks

En conséquence, on a :

Charges d'exploitations décaissables = Consommation en provenance de tiers hors variation de stocks + Impôts, taxes et versements assimilés + Charges de personnel = Consommation en provenance de tiers – (Variation stockée – Variation de stocks) – Impôts, taxes et versements assimilés – Charges de personnel = 2 120 000 – (57 000 – 25 000) +212 000 + 957 000 = 3 257 000

Et, en conséquence :

ETE = 6 543 000 – 344 000 – 3 257 000 + 37 000 = 2 979 000

3 Le tableau de financement

■ *Présentation du tableau de financement*

a) Analyse de la variation de la trésorerie par les flux

Tout comme le tableau de flux de trésorerie, le tableau de financement a pour objectif d'analyser la variation de la trésorerie et ses causes.

Contrairement au bilan comptable qui indique la situation financière à une date précise, le tableau de financement s'attache à analyser la variation des différents postes. Il s'agit donc d'une analyse des flux, permettant notamment de mettre en avant :
- ***la politique d'investissement*** : quelles ont été les acquisitions de l'exercice ? Ses cessions ? ;
- ***la politique de rémunération des associés*** : quelle partie de la CAF a été versée sous forme de dividendes ? ;
- ***la politique de gestion des stocks*** : ont-ils augmentés ? Diminués ? ;

– *la gestion des créances et dettes* : les dettes ont-elles augmentées ? Diminuées ? Et les créances ? Les délais de règlement se sont-ils allongés ou raccourcis ?

b) Analyse de la variation de la trésorerie à travers la variation du FRNG

Il se décompose en deux parties :

– ***la première partie explique la variation du FRNG en fonction des emplois stables et des ressources durables***. Elle prend en compte la CAF, les dividendes versés, mais également les variations d'immobilisations, des capitaux propres, des dettes financières ;

– ***la seconde partie explique la variation du FRNG en décomposant la variation du BFR par poste***.

c) Principaux axes d'analyse

Ses principaux axes d'analyse sont les suivants :

– ***calcul de la variation du FRNG*** et donc mise en avant de la variation du BFR. Pour mémoire, nous avons en effet : TN = FRNG – BFR. On en déduit que :

$$\Delta BFR = \Delta FRNG - \Delta TN$$

Dans le modèle de tableau de financement du PCG, la variation du BFR est mise en avant et distinguée en deux volets : exploitation et hors exploitation ;

– ***analyse de la variation de BFR et de ses causes*** ;

– ***analyse de la politique d'investissement et de rémunération des associés***.

■ *Le tableau de financement en lui-même*

Les modèles de tableau de financement proposés par l'ANC 2015-06 se décomposent en deux parties. Bien évidemment, la variation du fonds de roulement figurant en pied de ces deux tableaux doit être la même, sinon c'est signe d'une erreur dans le calcul. Une ressource nette dans le premier tableau correspond à un emploi net dans le second et réciproquement.

Le modèle ci-après est celui de la présentation « en compte » de l'ANC 2015-06. Une présentation en liste, reprenant exactement les mêmes éléments, est possible :

Emplois	**Exercice N**	**Exercice N-1**	**Ressources**	**Exercice N**	**Exercice N-1**
Distributions mises en paiement au cours de l'exercice			Capacité d'autofinancement de l'exercice		
Acquisitions d'éléments de l'actif immobilisé : Immobilisations incorporelles Immobilisations corporelles Immobilisations financières Charges à répartir sur plusieurs exercices *(a)* Réduction des capitaux propres (réduction de capital, retraits) Remboursements de dettes financières *(b)*			Cessions ou réductions d'éléments de l'actif immobilisé : Cession d'immobilisations : Incorporelles Corporelles Cessions ou réductions d'immobilisations financières Augmentation des capitaux propres : Augmentation de capital ou apports Augmentation des autres capitaux propres Augmentation des dettes financières *(b) (c)*		
Total des emplois	x	x	Total des ressources	x	x
Variation du fonds de roulement net global (ressource nette)			Variation du fonds de roulement net global (emploi net)		

(a) Montant brut transféré au cours de l'exercice.
(b) Sauf concours bancaires courants et soldes créditeurs de banque.
(c) Hors primes de remboursement des obligations.

Variation du fonds de roulement net global	Exercice N			Exercice N-1
	Besoins 1	Dégagement 2	Solde 2 – 1	Solde
Variation « Exploitation » : Variation des actifs d'exploitation : Stocks et en-cours Avances et acomptes versés sur commandes Créances clients, comptes rattachés et autres créances d'exploitation *(a)* Variation des dettes d'exploitation : Avances et acomptes reçus sur commandes en cours Dettes fournisseurs, comptes rattachés et autres dettes d'exploitation *(b)*				
Totaux	x	x		
A. Variation nette « exploitation » *(c)*			+/- x	+/- x
Variation « hors exploitation » :				
Variation des autres débiteurs *(a) (d)* Variation des autres créditeurs *(b)*				
Totaux	x	x		
B. Variation nette « hors exploitation » *(c)*			+/- x	+/- x
Total A + B : Besoins de l'exercice en fonds de roulement ou Dégagement net de fonds de roulement dans l'exercice			- x + x	- x + x
Variation « trésorerie » Variation des disponibilités Variation des concours bancaires courants et soldes créditeurs de banques				
Totaux	x	x		
C. Variation nette « trésorerie » *(c)*			+/- x	+/- x
Variation du fonds de roulement net global (total A + B + C) :				
Emploi net ou **Ressource nette**			- +	- +

(a) Y compris les charges constatées d'avance selon leur affectation à l'exploitation ou non.
(b) Y compris les produits constatés d'avance selon leur affectation à l'exploitation ou non.
(c) Les montants sont assortis du signe (+) lorsque les dégagements l'emportent sur les besoins et du signe (-) dans le cas contraire.
(d) Y compris valeurs mobilières de placement.

Nota : Cette partie II du tableau peut être adaptée au système de base. Dans ce cas, les variations portent sur l'ensemble des éléments ; aucune distinction n'est faite entre exploitation et hors exploitation.

■ Exercice d'application corrigé

a) Sujet

Les données ci-après sont exprimées en milliers d'euros :

Emplois	Exercice N	Exercice N-1	Ressources	Exercice N	Exercice N-1
Distributions mises en paiement au cours de l'exercice	228	245	Capacité d'autofinancement de l'exercice	2 038	2 543
Acquisitions d'éléments de l'actif immobilisé :			Cessions ou réductions d'éléments de l'actif immobilisé :		
Immobilisations incorporelles	1 111	45	Cession d'immobilisations :		
Immobilisations corporelles	1 250		Incorporelles		
Immobilisations financières		5 489	Corporelles	203	
			Cessions ou réductions d'immobilisations financières	24	
Charges à répartir sur plusieurs exercices *(a)*					
Réduction des capitaux propres (réduction de capital, retraits)			Augmentation des capitaux propres :		
			Augmentation de capital ou apports		
			Augmentation des autres capitaux propres	2 937	
Remboursements de dettes financières *(b)*	2 452		Augmentation des dettes financières *(b)* *(c)*		2 545

Total des emplois	5 041	5 779	Total des ressources	5 202	5 088
Variation du fonds de roulement net global (ressource nette)	161		Variation du fonds de roulement net global (emploi net)		691

Variation du fonds de roulement net global	Exercice N			Exercice N-1
	Besoins 1	Dégagement 2	Solde 2 – 1	Solde
Variation « Exploitation » :				
Variation des actifs d'exploitation :				
Stocks et en-cours		198		
Avances et acomptes versés sur commandes				
Créances clients, comptes rattachés et autres créances d'exploitation *(a)*	218			
Variation des dettes d'exploitation :				
Avances et acomptes reçus sur commandes en cours		18		
Dettes fournisseurs, comptes rattachés et autres dettes d'exploitation *(b)*		691		
Totaux	**218**	**907**		
A. Variation nette « exploitation » *(c)*			689	210
Variation « hors exploitation » :				
Variation des autres débiteurs *(a) (d)*	54			
Variation des autres créditeurs *(b)*		692		
Totaux	**54**	**692**		
B. Variation nette « hors exploitation » *(c)*			638	300
Total A + B :				
Besoins de l'exercice en fonds de roulement			1 327	
ou				
Dégagement net de fonds de roulement dans l'exercice				510
Variation « trésorerie »				
Variation des disponibilités	**1 988**			

Variation des concours bancaires courants et soldes créditeurs de banques		500		
Totaux	**1 988**	**500**		
C. Variation nette « trésorerie » *(c)*			-1 488	181
Variation du fonds de roulement net global (total A + B + C) :				
Emploi net			**-161**	
ou				
Ressource nette				**691**

Que peut-on en dire ? Dans votre analyse, vous prendrez soin de rappeler ce qu'est la CAF et de commenter les principales opérations de l'année, reflet de la politique de la direction de l'entreprise.

Vous conclurez par l'une des principales utilités, d'un point de vue général, de l'analyse d'un tableau de financement.

b) Proposition de corrigé

Tout d'abord la CAF est comme nous l'avons vu au préalable une ressource durable de l'entreprise puisqu'il s'agit de l'ensemble des produits encaissables (hors produits de cession des éléments d'actifs) minorés de l'ensemble des charges décaissables. Elle est de 2 millions d'euros en N, elle a diminué de 20 % depuis N-1.

On constate sur le premier tableau que :

– en N-1, la société a acquis pour 5 millions d'euros des immobilisations financières qu'elle a financé par une dette financière de 2,5 millions d'euros et par la CAF ;

– en N, la société a remboursé la majeure partie de cet emprunt (2,4 millions d'euros) et a investi pour 2 millions d'euros dans des immobilisations corporelles et financières. Ces deux opérations – remboursement de dette et investissement – ont notamment été financées par une augmentation de capital de presque 3 millions d'euros.

D'une manière générale, la société a une politique d'investissement. On a en effet :

	Année N	**Année N-1**
% de la CAF distribuée (Distributions / CAF)	11 %	10 %
% de la CAF investie (Acquisition d'immobilisations / CAF)	116 %	218 %

Si l'on regarde la deuxième partie du tableau on constate que la trésorerie a augmenté de plus d'1 million d'euros entre N-1 et N (cf. ligne « C. Variation nette "trésorerie" »). Les dettes envers les fournisseurs et les autres créditeurs ont par contre diminué de 1,3 million d'euros.

Comme nous l'avons vu préalablement, le FRNG correspond à l'argent qu'une société a laissé dans l'entreprise pour financer les investissements ou les besoins de liquidités de l'entreprise. Son augmentation de 1,3 million d'euros est ici visiblement le corollaire de l'augmentation de la trésorerie.

Entre N-2 et N-1, on constatait une relativement faible variation de la trésorerie.

Ce cas nous montre bien que l'analyse du tableau de financement permet d'avoir une vue globale de la politique de l'entreprise en matière d'investissement, de financement et de rémunération des associés.

L'évaluation d'entreprise en quelques mots

PARTIE 4

L'analyse financière permet de comprendre l'activité d'une entreprise. L'un de ses aboutissements peut être d'évaluer une entreprise. Il nous paraît donc important d'aborder – succinctement et de manière simplifiée – cette discipline ici, et ce bien que des ouvrages entiers puissent y être consacrés. Notamment, si le sujet vous intéresse, nous vous recommandons la lecture de *L'essentiel des méthodes d'évaluation des sociétés et de leurs titres* de Sébastien Layani, publié dans la collection Carrés Rouge de Gualino/Lextenso.

Chapitre 11

Qu'est-ce que l'évaluation d'une entreprise ?

L'évaluation d'une entreprise doit être effectuée par un professionnel et peut notamment l'être par un expert-comptable. Concrètement, cette mission donne lieu, pour le professionnel qui en est chargé, à la production d'un rapport comprenant, *a minima* :

- une présentation succincte de l'entreprise ;
- les modes d'évaluation et les hypothèses de calcul retenues ;
- une fourchette de prix.

Cette mission d'évaluation s'appuie, comme l'analyse financière, sur des données financières, mais également qualitatives. D'un point de vue pragmatique, il paraît intéressant de souligner que le professionnel chargé de l'évaluation ne donne jamais de prix fixe mais une fourchette de prix. Pourquoi ? Tout simplement parce que le juste prix d'une chose est assez simplement le prix que l'acheteur est prêt à payer. Lui seul peut le connaître, mais il est possible d'avoir une fourchette de prix servant de base à la négociation.

Il est bien connu que « *la plupart des choses ne sont pas estimées à un prix égal selon qu'on les possède ou qu'on souhaite les acquérir* » [Aristote]. Le prix d'une entreprise peut, comme nous le verrons par la suite, être estimé selon différentes méthodes et s'établir à différents montants, selon les hypothèses retenues. Il ne s'agit jamais de faire une moyenne entre les résultats issus de ces différentes méthodes, mais d'en extraire une fourchette.

Les évaluations se basent le plus souvent sur des méthodes prospectives – à savoir, sur l'avenir et donc sur des données prévisionnelles. À défaut, on estime souvent que l'on peut se baser sur les chiffres des trois dernières années.

À titre indicatif, dans les exemples qui seront cités ci-après, et afin de les simplifier au maximum, les rémunérations des dirigeants sont qualifiées de « normales » au regard de l'activité. Par hypothèse, les perspectives N+1 sont comparables à celles de N et il n'y a pas de conventions réglementées – comme évoqué dans le chapitre 7 –, les conventions réglementées sont, sauf exceptions, des conventions conclues directement ou par personnes interposées entre la société et l'un de ses dirigeants ou associés/actionnaires disposant de plus de 10 % des droits de vote ; il ne s'agit pas de conventions conclues dans des conditions normales.

Dans le cas contraire, ces points pourraient mériter un retraitement et pourraient donc modifier l'évaluation de l'entreprise.

Prise en compte de la valeur patrimoniale

Chapitre 12

La méthode patrimoniale consiste à valoriser l'ensemble des actifs de l'entreprise à leur valeur actuelle de marché et d'en déduire les dettes, elles aussi éventuellement retraitées. En effet, une entreprise vaut au moins le montant que les associés récupéreraient théoriquement si la société fermait et que tous ses actifs étaient mis en vente, à savoir le montant de l'actif net comptable corrigé (ANCC).

1 Définition de l'ANCC

L'ANCC se définit comme étant ***la valeur économique des actifs et des dettes réelles*** – et non la valeur historique qui est celle indiquée au bilan.

Prenons comme exemple le bilan suivant :

ACTIF (en K€)				PASSIF (en K€)	
	Brut	**Amort.**	**Net**		
Immobilisations incorporelles	100	-	100	Capitaux propres	427
Droit au bail (droit de présentation à la clientèle)	100	-	100	Provisions	-
Immobilisations corporelles	150	100	50	Emprunts	12
Véhicule	50	50	-	Dettes fournisseurs	75
Autres immobilisations corporelles	100	50	50	Dettes fiscales et sociales	124
Créances clients	450	1	449	Autres dettes	12
Autres créances	14	-	14	Produits constatés d'avances	-
Disponibilités	37	-	37		
Charges constatées d'avance	-	-	-		
TOTAL	751	101	650	TOTAL	650

[Amort. = amortissements cumulés]

L'actif net comptable est dans cet exemple de 427 K€. Comme nous le verrons ci-après, son ANCC s'élève à 347 K€.

2 Les retraitements à effectuer

La méthode patrimoniale consistant à valoriser l'ensemble des actifs de l'entreprise à leur valeur actuelle de marché et d'en déduire les dettes, elles aussi éventuellement retraitées, les principaux retraitements à effectuer sont :

– concernant les actifs, de *prendre en compte les valeurs économiques réelles et non les coûts historiques* ;

– *de prendre en compte l'imposition différée* : active, à savoir les créances d'impôt futures non comptabilisées, mais également passive, à savoir les dettes fiscales futures non comptabilisées ;
– il faut également ***supprimer l'impact des provisions non justifiées*** (par exemple, des provisions réglementées).

Dans le présent exemple, il n'y a pas de provisions comptabilisées.

Pour passer de l'actif net comptable à l'ANCC, il y a donc lieu en premier lieu de se demander s'il y a, d'une part, des plus-values latentes et, d'autre part, des non-valeurs.

Dans l'exemple ci-dessus, si le véhicule, dont la valeur résiduelle est de 0 K€, était de 30 K€, et l'imposition, à 33,33 %, on aurait :

Capitaux propres	427 K€
Plus-value latente sur véhicule	30 K€
Imposition différée liée à cette plus-value	(10 K€)
Droits de présentation à la clientèle	(100 K€)
Total	347 K€

Dans cet exemple, le droit de présentation à la clientèle a été retraité. Pourquoi ? Parce qu'il ne peut être estimé à sa valeur historique (qui est la valeur d'achat d'une partie de la clientèle il y a un certain nombre d'années). Il s'agit de la partie de la clientèle acquise et non développée en interne.

3 La valeur patrimoniale, souvent complémentaire des autres méthodes

La valeur patrimoniale est souvent considérée comme complémentaire des autres méthodes. Tout simplement, elle s'attache à évaluer la partie corporelle d'une entreprise (les meubles, immeubles, créances, dettes, disponibilités, etc.) en occultant totalement le reste : la capacité de l'entreprise à générer, à l'avenir, du cash.

La valeur d'une entreprise est ainsi régulièrement la somme algébrique de l'ANCC et de l'incorporel, que l'on appelle selon les cas goodwill, fonds de commerce ou droit de présentation à la clientèle.

Goodwill, approche par les comparables, valeur de rendement

Chapitre 13

Un fonds de commerce, ou droit de présentation de clientèle, peut s'évaluer de différentes manières :
– par la valeur actualisée de ses dividendes ou de son bénéfice. À savoir, une entreprise vaut ce qu'elle rapporte, cette valeur étant actualisée pour prendre en compte qu'un euro investit aujourd'hui vaudra naturellement plus dans X années ;
– par des comparables, en cherchant des transactions similaires.

1 Approche par la rentabilité et valeur de rendement

L'approche par la rentabilité consiste à considérer qu'une entreprise vaut, au-delà de ses actifs, ce qu'elle rapporte. On parle ainsi de ROI, *Return On Investement*, à savoir littéralement : retour sur investissement. Il s'agit comme son nom le laisse supposer de ce que l'investisseur va gagner demain en investissant aujourd'hui : des dividendes (***ROI direct***) mais également peut-être des économies d'échelle ou un savoir-faire lui permettant de gagner en qualité (***ROI indirect***).

La méthode par le rendement consiste à considérer qu'une entreprise vaut la valeur actualisée des dividendes.

Elle implique donc d'avoir un prévisionnel et de prendre en compte un taux d'actualisation, afin de déterminer la valeur aujourd'hui des dividendes qui seront reçus dans le futur. Le taux d'actualisation peut varier d'une estimation à l'autre. Il peut, par exemple, se baser sur le taux de rendement des OAT sur 10 ans. Ce taux correspond, en effet, au rendement minimal des actifs monétaires.

Par exemple, avec un taux d'actualisation de 5 %, 100 K€ reçus en N = 95 K€ équivalent à 95 K€ en N+1 et à 91 K€ en N+2, etc.

On en déduit que 100 K€ reçus chaque année pendant 6 ans (jusqu'en N+5) = 532,95 K€

$$= 100 \times (1 + 0{,}05)^{-2}$$

N	N+1	N+2	N+3	N+4	N+5	TOTAL
100	95	91	86	82	78	533

$$= 100 + 100 \times \frac{1 - (1 + 0{,}05)^{-5}}{0{,}05}$$

Les formules sont détaillées ci-dessus mais l'idée est assez simple : un euro reçu maintenant vaut plus qu'un euro reçu demain.

2 Le *goodwill* et la rente de *goodwill*

Le goodwill représente ce qui ne figure pas dans les comptes, à savoir l'immatériel : savoir-faire, capital humain, etc. Cet immatériel se traduit concrètement par l'actualisation du bénéfice, auquel les intérêts attendus de l'investissement sont retirés. Il s'agit d'une approche par la rentabilité.

La rente de Goodwill se calcule comme suit :

$$(B - A \times t)$$

Avec :

– B : bénéfice ;

– t : taux sans risque ;

– A : actif économique (hors fonds de commerce).

Il s'agit ensuite, comme nous l'avons vu, de l'actualiser sur un certain nombre d'années. Par exemple, sur 5 ans, la formule serait : $(B - A \times t) \times [(1 - (1 + i)^{-5}) / i]$.

3 La méthode des comparables

L'approche par les comparables repose, comme son nom le laisse suggérer, sur la comparaison avec des transactions comparables et bien évidemment récentes. Elle permet de dégager une tendance et ainsi d'obtenir une valeur la plus proche possible de celle de marché.

Elle s'appuie régulièrement sur le CA et l'EBE ou l'EBITDA avec un calcul de type :

Valeur du fonds de commerce = Taux x CA (ou EBE ou EBITDA)

Le taux est à affiner en fonction de la taille de l'entreprise (montant du CA, effectif), de la zone géographique, du type de clientèle, etc.

Il convient donc dans la pratique d'effectuer un *benchmarking*, à savoir d'étudier plusieurs transactions pour obtenir un tableau du type :

	Prix de vente – % du CA	**Prix de vente – % de l'EBITDA**
Transaction 1	21 %	2 %
Transaction 2	31 %	3 %
Transaction 3	27 %	2 %
Transaction 4	22 %	3 %
Transaction 5	26 %	2 %

Les transactions prises en compte doivent être récentes et comparables, à savoir d'entreprises du même secteur avec le même type de clientèle, de tailles comparables et de situations géographiques proches ou comparables.

Les valeurs extrêmes (ratio extrêmement élevé ou faible) sont généralement écartées, l'idée étant d'avoir une fourchette montrant une orientation du marché, hors cas exceptionnels.

L'approche par les comparables peut également s'appuyer sur les différentes études et analyses déjà existantes par activité.

Dans l'exemple d'un cabinet d'avocat, il serait par exemple possible de fonder en partie l'évaluation sur l'étude effectuée régulièrement par Interfimo et intitulée « *prix de cession des 100 dernières transactions de cabinets d'avocats étudiées par Interfimo* ». Cette étude propose en effet déjà des ratios :

– par secteur géographique ;
– selon la typologie de transaction (croissance externe, association d'un collaborateur, vente entre associés, etc.) ;

– selon la nature de clientèle (particuliers, entreprises, institutionnels) ;
– selon la taille du cabinet.

Ces différents indices permettent de dégager une tendance applicable à chaque cas particulier.

4 Conclusion

Cette initiation très succincte à l'évaluation des entreprises est un exemple pour vous montrer que ***l'analyse financière est un outil utile dans des circonstances variées de la vie quotidienne des entreprises***.

En outre, il est important d'avoir à l'esprit que l'analyse financière, tout comme l'évaluation d'entreprise, s'appuie sur des données financières mais nécessite une étude approfondie basée également sur des données qualitatives et des questions de « bon sens », notamment :

– la comparaison avec des données comparables (même secteur d'activité, volume, type de clientèle) ;
– une bonne connaissance du secteur d'activité et de la législation applicable ;
– une prise de connaissance rétrospective, à savoir du passé, mais également prospective, à savoir des estimations futures ;
– une analyse des spécificités de l'entreprise : par exemple, existe-t-il des conventions particulières ?

Conclusion d'André-Paul Bahuon

En guise de conclusion, la parole est laissée à André-Paul Bahuon, Président de la Compagnie des Conseils et Experts Financiers :

« L'analyse financière s'appuie sur la comptabilité, qui est la traduction économique du droit.

Toute opération financière prend sa source dans un contrat, si simple soit-il, comme le ticket de caisse d'un magasin, qui constate à la fois l'accord sur la chose et le prix, et le transfert de propriété.

L'édition du ticket génère la remise d'un produit ou l'exécution d'une prestation ; votre paiement, un encaissement.

Ce ticket de caisse, usuel, quotidien, vous fait pénétrer, sans que vous le sachiez, dans le monde si simple de la comptabilité et de la finance qui, comme par les médecins de Molière pour leur art, a été trop souvent complexifié par quelques-uns l'érigeant en science.

Comme vous avez pu le constater, l'auteur de l'ouvrage dont vous venez de terminer la lecture a souhaité aborder, point par point, avec une envie de faire partager, au-delà de la vulgarisation, les ressorts et les clés qui composent les éléments d'une bonne compréhension des bases de l'analyse financière.

Comprendre que l'actif d'un bilan est l'endroit où l'on consigne tout ce qui appartient à l'entreprise, et que le passif symbolise tout ce que doit l'entreprise est à la portée de tous. C'était l'enjeu de cet ouvrage de faire découvrir tous les rouages de l'analyse financière, jusqu'à aborder les premières notions de valeur d'entreprise.

Le lecteur doit savoir que depuis le XVe siècle, et en sa forme actuelle, l'analyse financière et la comptabilité qui la sous-tend jouissent, comme la musique, d'une compréhension internationale et que le format des enregistrements se retrouve peu ou prou dans la plupart des pays du monde.

Il s'agit du premier instrument de mesure de l'activité économique, mais aussi patrimoniale, et stratégique. Elle mesure la profitabilité et elle permet la simulation des décisions importantes de structuration, d'organisation ou de rapprochements.

Vous l'aurez probablement compris, la comptabilité comme l'analyse financière peuvent être rétrospectives lorsqu'elles servent à élaborer les comptes annuels d'une année passée, ou prospectives lorsqu'elles abordent les prévisions d'investissements, budgétaires, ou de trésorerie.

L'analyse financière, additionnée avec d'autres disciplines telles que la stratégie et l'actuariat, permet d'envisager la valorisation des entreprises ou de ses éléments incorporels ou financiers.

Vous avez, je l'espère, découvert au cours de cet ouvrage, que l'analyse financière n'est ni morne, ni triste, mais que c'est un émulant intellectuel où l'on peut, même, s'amuser.

Cet ouvrage a le mérite de pouvoir aborder de façon itérative et claire, un grand nombre de sujets, vous faisant progresser à chaque étape.

Que son auteur soit salué pour cet exercice et que vous, lecteur, vous trouviez le plaisir de continuer à vous exercer à l'analyse financière. »

ANNEXE

Tableau de synthèse des formules utilisées dans le présent ouvrage

Les formules ci-après sont celles développées dans le présent ouvrage. Afin de faciliter vos révisions et vos recherches, elles sont classées par ordre alphabétique.

Formule	Chapitre et section	Page
Autofinancement = CAF – Dividendes payés (en N)	6 / L'autofinancement	83
Autofinancement net pour financer la croissance = CAF – Dividendes payés (en N) – Remboursement des dettes financières	6 / L'autofinancement	84
BFR = Actif circulant – Passif circulant (hors trésorerie)	9 / Le BFR et le BFRE	115
BFR hors exploitation = Actifs hors exploitation – Dettes hors exploitation	9 / Le BFR et le BFRE	116
BFRE = Actifs d'exploitation – Dettes d'exploitation	9 / Le BFR et le BFRE	115
BFRE en jours de CA = (BFRE / CA HT) x 360	9 / Le BFR et le BFRE	116
CA HT x (1 + taux de TVA) = CA TTC	2 / Les créances clients	37
CAF = EBE + Transfert de charges d'exploitation + Autres produits d'exploitation – Autres charges d'exploitation +/- Quote-part de résultat sur opérations faites en commun + Produits financiers sauf reprises sur provisions et dépréciations – Charges financières sauf dotations aux amortissements, aux dépréciations et aux provisions financiers + Produits exceptionnels sauf produits des cessions d'immobilisations, quote-part des subventions d'investissement virées au résultat de l'exercice, reprises sur provisions et dépréciations exceptionnelles – Charges exceptionnelles sauf valeur comptable des immobilisations cédées, dotations aux amortissements, aux dépréciations et aux provisions exceptionnelles – Participation des salariés aux résultats et impôt sur les bénéfices	6 / La capacité d'autofinancement (CAF)	80

CAF = Résultat net de l'exercice + Charges non décaissables (dotations aux amortissements et aux provisions et VCEAC) – Produits non encaissables (reprises sur amortissements et provisions et quote-part de subventions d'investissement virées au compte de résultat) – PCEAC	6 / La capacité d'autofinancement (CAF)	80
CAMV = Coût d'achats + Frais accessoires liés + Variation des stocks	2 / Le stock et les en-cours	35
Capacité de remboursement = Dettes financières / CAF	6 / La capacité d'autofinancement (CAF)	82
Créance HT = Créance TTC / (1 + Taux de TVA)	2 / Les créances clients	37
Délai de rotation des stocks = Montant du stock / CAMV x 360	2 / Le stock et les en-cours	34
Délai moyen de crédit clients = Créances clients (et comptes rattachés) HT / CA HT x 360	2 / Les créances clients	36
Délai moyen de crédit clients = Créances clients (et comptes rattachés) TTC / CA TTC x 360	2 / Les créances clients	36
Délai moyen de règlement fournisseurs = Dettes fournisseurs (et comptes rattachés) HT / Achats HT x 360	3 / Les dettes fournisseurs	49
Délai moyen de règlement fournisseurs = Dettes fournisseurs (et comptes rattachés) TTC / Achats TTC x 360	3 / Les dettes fournisseurs	49
ETE = EBE – ΔBFRE	10 / L'excédent de trésorerie d'exploitation	130
ETE = Produits d'exploitation encaissables – Variation des créances d'exploitation – Charges d'exploitation décaissables + Variation des dettes d'exploitation	10 / L'excédent de trésorerie d'exploitation	131
EBE = Valeur ajoutée + Subventions d'exploitation – Impôts et taxes – Charges de personnel	5 / Calcul des SIG	65
Fonds de roulement financier = Passif à moins d'un an – Actif à moins d'un an corrigé	8 / Le bilan financier	106
FRNG = BFR + TN	9 / Le fonds de roulement	113
FRNG = Ressources stables – Emplois stables	9 / Le fonds de roulement	114
Indépendance ou autonomie financière = Capitaux propres / Endettement financier ou bancaire	3 / Les capitaux propres	43

Indice de sécurité = Marge de sécurité / CA	6 / Le seuil de rentabilité, le point mort et la marge de sécurité financière	87
Marge brute de production = Production totale de l'exercice – Achats de matières premières et approvisionnements + RRRO s/ Achats de matières premières – Variation de stocks – Sous-traitance directe + RRRO s/ sous-traitance	5 / Calcul des SIG	64
Marge brute globale = Marge commerciale + Marge brute de production	5 / Calcul des SIG	64
Marge commerciale = CA lié aux ventes de marchandises – Coût d'achat des marchandises vendues	5 / Calcul des SIG	63
Marge de sécurité = CA – Seuil de rentabilité	6 / Le seuil de rentabilité, le point mort et la marge de sécurité financière	86
MBA = Résultat net comptable + Amortissements et provisions – Provisions sur actif circulant – Plus-values de cession, nettes d'impôt	10 / Le tableau de flux de trésorerie	126
Part des salaires dans la valeur ajoutée = Masse salariale / Valeur ajoutée	5 / L'analyse des SIG	73
Point mort (en nombre de jours) = Seuil de rentabilité / (CA / 360)	6 / Le seuil de rentabilité, le point mort et la marge de sécurité financière	86
Point mort (en nombre de mois) = Seuil de rentabilité / (CA / 12)	6 / Le seuil de rentabilité, le point mort et la marge de sécurité financière	87
Production totale de l'exercice = Production vendue + Production stockée + Production immobilisée	5 / Calcul des SIG	64
Ratio de fonds de roulement = Actif à court terme / Passif à court terme	9 / Le fonds de roulement	114
Ratio de liquidité immédiate = Actifs de trésorerie / Passifs exigibles à court terme	2 / La trésorerie	38
Ratio de répartition de la valeur ajoutée = Autofinancement / Valeur ajoutée	6 / L'autofinancement	85
Rentabilité (ou profitabilité) de l'activité = CAF / CA	6 / La capacité d'autofinancement (CAF)	82

RCAI = Résultat d'exploitation + Résultat financier +/- Quote-part de résultat sur opérations faites en commun	5 / Calcul des SIG	67
Résultat d'exploitation = Excédent brut d'exploitation + Reprises sur amortissements et provisions + Transferts de charges d'exploitation + Autres produits – Dotations aux amortissements et provisions – Autres charges	5 / Calcul des SIG	66
Résultat de la période = RCAI + Résultat exceptionnel – Participation des salariés – Impôt sur les bénéfices	5 / Calcul des SIG	67
Résultat exceptionnel = Produits exceptionnels – Charges financières	5 / Calcul des SIG	67
Résultat financier = Produits financiers – Charges financières	5 / Calcul des SIG	66
Seuil de rentabilité = [Charges fixes / (CA – Charges variables)] x CA	6 / Le seuil de rentabilité, le point mort et la marge de sécurité financière	86
Seuil de rentabilité = Charges fixes / [(CA – Charges variables) / CA]	6 / Le seuil de rentabilité, le point mort et la marge de sécurité financière	86
Taux d'endettement = Dettes à moyen et long terme / Capitaux permanents	3 / Les dettes financières	45
Taux d'intérêt moyen = Charges d'intérêt / Dettes financières	3 / Les dettes financières	45
Taux de marge = Marge / Coût d'achat HT	5 / Calcul des SIG	68
Taux de marque = Marge / Chiffre d'affaires HT	5 / Calcul des SIG	68
Taux ou niveau de capitalisation = Capitaux propres / Bilan	3 / Les capitaux propres	42
TN = Actifs de trésorerie – Passifs de trésorerie	9 / La trésorerie nette	119
TN = FRNG – BFR	9 / La trésorerie nette	120
Trésorerie en jours de CA = (Actifs de trésorerie / CA HT) x 360	2 / La trésorerie	38
VA = Marge brute globale – Autres achats et charges externes	5 / Calcul des SIG	65
Valeur des stocks en jours de CA = Montant du stock / CA HT x 360	2 / Le stock	34

Achevé d'imprimer par France Quercy, 46090 Mercuès
N° d'impression : 70256 - Dépôt légal : avril 2017

Imprimé en France